Beleza

Um conjunto em harmonia

Beleza

Um conjunto em harmonia

Janine Goosens

Fotografia: Craig Pineau

Direção Geral:	Julio E. Emöd
Supervisão Editorial:	Maria Pia Castiglia
Edição de Texto:	Sílvia Ricardo
Revisão de Texto:	Maria Lúcia G. Leite Rosa
Revisão de Provas:	Grasiele Favatto Cortez
Projeto Gráfico e Editoração Eletrônica:	CoisasQueFaz Comunicações Ltda.
Direção de Arte e Design:	Fernando Mendes
Assistentes de Arte e Design:	Beatriz Villela Martins de Souza
	Felix Ryu Inoue
Impressão e Acabamento:	RR Donnelley

Dados Internacionais de Catalogação na Publicação (CIP)
(Câmara Brasileira do Livro, SP, Brasil)

> Goossens, Janine
>   Beleza : um conjunto em harmonia / Janine Goossens ; fotografia Craig Pineau. --
> São Paulo : Editora HARBRA, 2004.
>
>   Bibliografia.
>   ISBN 85-294-0281-2
>
>   1. Aptidão física 2. Beleza - Cuidados
> 3. Beleza corporal 4. Etiqueta 5. Exercício
> 6. Saúde I. Pineau, Craig. II. Título.

04-6822   CDD-646.75

> Índices para catálogo sistemático:
>
> 1. Beleza e boa forma : Aparência pessoal :
>   Vida pessoal   646.75
> 2. Boa forma e beleza : Aparência pessoal :
>   Vida pessoal   646.75

Beleza — um conjunto em harmonia
Copyright © 2005 por **editora HARBRA ltda.**
Rua Joaquim Távora, 629 e 779
04015-001 São Paulo – SP
Promoção: (011) 5084-2482 e 5571-1122. Fax: (011) 5575-6876
Vendas: (011) 5084-2403, 5549-2244 e 5571-0276. Fax: (011) 5571-9777

Todos os direitos reservados. Nenhuma parte desta edição pode ser utilizada ou reproduzida em qualquer meio ou forma, seja mecânico ou eletrônico, fotocópia, gravação etc., nem apropriada ou estocada em sistema de banco de dados, sem a expressa autorização da editora.

ISBN 85-294-0281-2

Impresso no Brasil   *Printed in Brazil*

*Dedico este livro a Jacques, meu marido, meu grande amigo,
a minhas filhas e netos
e a todos aqueles que me permitem trilhar
no caminho encantado da Beleza.*

Janine

*Dedico meu trabalho neste livro
aos meus "anjos da guarda"
Vera e Lúcia,
sem as quais ele não teria sido possível.*

Craig

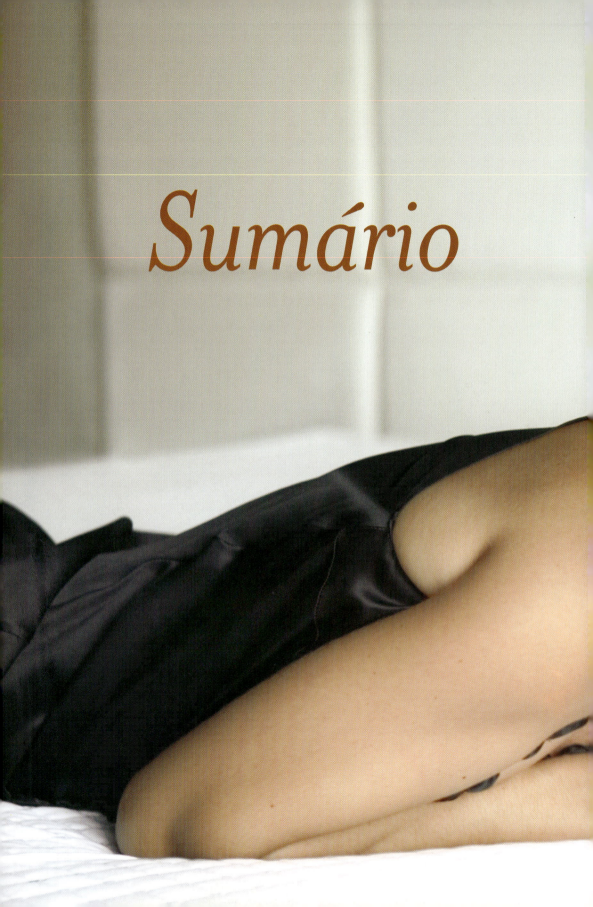

03 | Estar Bem
Você e seus limites　　　　　　　　　　8
Calma, serenidade, Beleza　　　　　　8
Meditação　　　　　　　　　　　　　12

21 | Beleza Completa
Irradie confiança　　　　　　　　　　25
Reconheça a sua felicidade　　　　　26
Postura　　　　　　　　　　　　　　26
Exercícios físicos　　　　　　　　　　37

39 | Pele
Qualidade da pele　　　　　　　　　42
Estrutura da pele　　　　　　　　　　42
Bronzeamento　　　　　　　　　　　45
Beleza da pele　　　　　　　　　　　51
Aparência da pele　　　　　　　　　53
Tipos de pele　　　　　　　　　　　　54
Cuidados para todos os tipos de pele　60
Quando começar a cuidar da pele?　66

77 | Cabelos
Queda e crescimento　　　　　　　　81
Tipos de cabelo　　　　　　　　　　82
O visual dos cabelos　　　　　　　　85
Estilo　　　　　　　　　　　　　　　89

91 | Corpo
A pele do corpo　　　　　　　　　　96
Produtos　　　　　　　　　　　　　96
Ritual corporal　　　　　　　　　　　99
Formas　　　　　　　　　　　　　107
Tratamentos corporais　　　　　　　116
Massagem　　　　　　　　　　　120
Varizes　　　　　　　　　　　　　128
Depilação　　　　　　　　　　　　128
Beleza das mãos　　　　　　　　　131
O que pode e o que não pode ser modificado　135
O importante é traçar um plano de ação　138

143 | Maquiagem

Objetivos da maquiagem: valorizar e disfarçar	146
Luz e cor	148
Passos da maquiagem	148
Material para a maquiagem	152
Maquiagem para pele negra	168
Maquiagem para adolescentes	168
Maquiagem para asiáticas	169
Maquiagem para mulher madura	169
Maquiagem noturna	171
Pessoas que usam óculos	171
Harmonia na maquiagem	172

175 | Sexualidade

A atenção necessária	179

183 | Maternidade

A gestação	186
O pós-parto	190

193 | Rejuvenescimento

Princípios para o rejuvenescimento	197
Tratamentos estéticos	198
Rejuvenescimento facial	205
Rejuvenescimento corporal	206
A medicina e você	206

211 | Nutrição

Boa forma e energia	215
Nutrição e dieta	219
Equilíbrio interno	230

233 | Felicidade

Aceitação da vida	237
Belezas eternas	238
Saber ser	240

242 | Referências Bibliográficas

A Beleza é Necessária

O primeiro faraó monoteísta, Akhenaton, paradoxalmente tinha dois cultos. O culto do Deus único que ele introduziu na religião egípcia – tradicionalmente cheia de deuses – e o culto à beleza, pois sua mulher era nada mais nada menos do que Nefertite, ainda mais bela do que Cleópatra.

Há coisas que pertencem aos deuses e coisas que pertencem aos homens. A beleza é uma dessas qualificações que permeia o mundo dos homens e as altas paragens do Olimpo. Por isso mesmo, tem um prestígio incomparável. Mesmo quando comparada ao poder, à inteligência e à riqueza, a beleza ocupa um lugar privilegiado na hierarquia das qualidades humanas.

A beleza, apanágio das mulheres, nem sempre teve uma única avaliação. O conceito mudou muito com o tempo, os costumes e mesmo as religiões. Há duas dimensões mais visíveis: nas religiões de um só deus e nos altares das múltiplas divindades.

*Nas religiões monoteístas, a beleza da mulher se aproximava mais
da beleza natural. Quanto mais a mulher parecesse consigo mesma,
mais bela. Os realces, as maquiagens e os adereços eram singelos.*

*Nas religiões com muitos deuses, geralmente a beleza se revelava
nas pinturas exageradas, ressaltando o tamanho dos olhos e dos demais
órgãos dos sentidos, transformando a mulher numa máscara de beleza.*

*Janine vive há anos entre esses dois mundos, oferecendo sua sensibilidade
e sua habilidade para firmar a beleza de uma mulher moderna
e brasileira. Sua arte aproxima-se mais do toque natural, sensível,
transparente. Sua mulher se identifica com o trabalho, com a festa,
com a sublimação. Por isso mesmo, "Jacques Janine" tornou-se
um arquétipo.*

Jorge de Cunha Lima

Todas nós gostamos de nos sentir belas e bem. Tornar-se mais bela e atraente está ao seu alcance. Para ajudá-la a ressaltar sua Beleza intrínseca, reuni nesta obra toda a minha experiência e aprendizado de décadas de trabalho voltadas para a Beleza na sua acepção mais ampla. Neste sentido, procuro dar sugestões, conselhos e dicas que a orientem para que se sinta melhor consigo mesma e mais bela, independentemente de sua idade, tipo físico ou estilo de vida.

Com uma abordagem "holística" da Beleza, este livro é dirigido à mulher moderna, preocupada com sua aparência e bem-estar. Para ser bonita, não é necessário recorrer a famosos profissionais ligados à estética, às mais diversas (e, por vezes, drásticas) dietas alimentares de emagrecimento, a exercícios físicos extenuantes, vestir-se na última moda, nem pretender ser clone de **top models***. Ser bonita significa saber ressaltar as suas qualidades, adotar atitudes alegres e positivas em relação a si própria e à vida e, principalmente, gostar de si.*

A harmonia que define a Beleza é o resultado das atitudes e ações que são apreendidas ao longo do tempo e que necessitam ser colocadas em prática com disciplina, perseverança e regularidade.

Há, entretanto, pequenos detalhes capazes de provocar grandes efeitos na sua aparência e mudanças marcantes na sua maneira de ser e encarar a vida. Um simples realce aqui, um disfarce ali, uma leve correção de traço, a harmonia de tonalidades exploradas na maquiagem, no cabelo, na roupa, na postura... e pronto! A transformação obtida descortina uma personalidade mais atraente. Você se sente mais segura, aumenta sua auto-estima, vibrações positivas envolvem seus pensamentos e seu coração. À luz desta nova consciência é que transparece a verdadeira Beleza, fruto da satisfação interior e de felicidade.

Então, inicie a leitura para saber como se cuidar melhor. Seguindo os passos que proponho, você, com certeza, ficará mais bonita e feliz!

Janine

AGRADECIMENTOS

Esta obra não poderia ter sido concluída sem a colaboração, dedicação,
talento e generosidade de toda uma equipe.
Minha gratidão a todos que participaram,
especialmente a:

*João Boccaletto, cabeleireiro e maquiador da matriz Jacques Janine,
que idealizou a produção de beleza;*

Gil Almeida, pela colaboração geral, especialmente no capítulo Maternidade;

as mãos experts, *de toques hábeis, de Catarina Silva,
nos capítulos* Corpo *e* Rejuvenescimento;

*Chloé Chemin, minha neta, que emprestou sua beleza juvenil
e colaborou para a ambientação e produção;*

*Diane Goossens, minha filha, por sua carinhosa contribuição,
e Paula Turrini, pela ambientação e arranjos florais;*

Solange Felipe, pelo constante elo de comunicação;

Bárbara da Silva, que emprestou seu rosto de adolescente às lentes do fotógrafo;

*Isabella Fiorentino, Katrina, Tatiana Carvalho, Renata Sakamoto, Lucy Planet,
Vanessa Tibau e Fred Motta, nossos modelos;*

*Dr. Aristóteles Bersou, Dr. Sérgio Aluani, Dr. Charles Yamaguchi, Dr. Volney Pitombo,
cirurgiões plásticos e amigos de longa data, por sua contribuição profissional;*

Felipo Barbosa Lima, pelos objetos e adornos cedidos;

Pedro Sedo (Walvé – decoração de banheiros).

*Agradeço também a autorização para fotografar
nos jardins da reserva ecológica da Ilha das Cabras, em Ilhabela;*

ao Hotel Fasano, ao Restaurante Shimo e a La Perla;

*a Craig Pineau, nosso fotógrafo, que soube,
com um profissionalismo e sensibilidade extraordinários,
captar toda a emoção do tema e fez com que a Beleza
se tornasse ainda mais sublime;*

*a Fernando Mendes, editor de arte, que traduziu na escolha das fotos e
na diagramação o espírito de nosso pensamento;*

*aos mestres e autores que me inspiraram
e continuam me inspirando a todo momento.*

Beleza

Estar Bem

03

Estar bem é um estado// nossa harmonia interio// nos cerca. Nos dias de hoje// externas ocorrem em grande vel// cada vez mais difícil processá-la

Beleza | Estar Bem

de espírito que traduz
e com o mundo que
s pressões e solicitações
idade e quantidade, e torna-se

Com um ritmo de vida alucinante, resta-nos muito pouco tempo para podermos prestar atenção em nós mesmas, satisfazer algumas necessidades e desejos, obter a sensação de bem-estar e equilíbrio, e usufruir melhor a vida.

Você e seus limites

O estresse da vida moderna, os horários controlados e as múltiplas exigências são incorporados ao nosso cotidiano, sem que percebamos o quanto eles influenciam a nossa maneira de viver e de encarar a vida. Tentamos sempre dar conta de tudo, da melhor forma possível, obrigando-nos a esforços que diminuem a energia vital.

O equilíbrio não é algo transcendental ou intangível. Ao contrário, existem técnicas, dicas, exercícios que nos ajudam a atingir esse estado de harmonia entre corpo e mente.

Beleza é, antes de tudo, um estado de espírito.

Calma, serenidade, Beleza

Estarmos tranqüilas é uma forma eficaz de nos conhecermos melhor e termos maior controle sobre nossos próprios pensamentos e ações. Alcançar a tranqüilidade pode parecer uma tarefa difícil, pois somos o somatório de emoções contraditórias. Quem não se sente insegura ou com medo diante de inúmeras situações inesperadas? Quantas vezes os problemas nos afligem de tal maneira que temos a sensação de que não conseguiremos enfrentá-los ou transpô-los?

As reações diante das dificuldades variam de pessoa para pessoa. Precisamos, sobretudo, ter consciência de que momentos difíceis exigem calma, tranqüilidade e serenidade para encararmos os obstáculos da nossa existência. Atingir esse estado, no entanto, nem sempre é fácil. Um dos melhores métodos para alcançarmos a calma e a serenidade é a meditação e o relaxamento com visualização.

O ritmo de vida das grandes cidades e os problemas que estas apresentam, como o trânsito intenso, a violência urbana e a poluição, são fatores que nos deixam mais vulneráveis à irritabilidade e ao estresse.

O estresse é provocado pelo acúmulo de tarefas e responsabilidades ligadas aos filhos, ao gerenciamento da família, à viabilização do orçamento doméstico. Problemas no ambiente de trabalho, conflitos emocionais e a ocorrência de acontecimentos mais dolorosos e inerentes à vida (luto, grandes perdas, separação) também causam ou agravam o estresse.

Os estados de ansiedade, depressão, desconforto, tristeza profunda nos marcam por dentro e também por fora. Nessas situações, não há Beleza que resista. Os traços, os músculos, a silhueta e todo o organismo ficam tensos. Desaparecem a harmonia e a serenidade. A cútis perde o viço, e rugas mais ou menos profundas marcam a expressão para sempre. Além disso, o estímulo contínuo de adrenalina debilita o sistema imunológico, com possibilidade de causar sérios danos à saúde e, conseqüentemente, também à Beleza.

Não temos controle sobre grande parte do que nos afeta. Muitos fatos causam sofrimento e são profundamente marcantes. Porém, a sua superação está diretamente relacionada à forma como reagimos e ao encaminhamento que damos a eles. Mesmo em situações pouco confortáveis, tensas e complexas, o melhor é não dramatizar.

Para vivermos bem precisamos aceitar as "turbulências" da vida com bom-humor, imaginando o quanto elas poderão ser insignificantes daqui a alguns anos. Os desafios são inerentes à nossa jornada e devemos enfrentá-los com muita serenidade.

Reconhecer e aceitar as próprias limitações é uma sabedoria que nos ajuda a identificar as causas da ansiedade.

A compreensão do sentido da vida é fundamental para aceitá-la e usufruí-la da melhor maneira possível. Para tal, precisamos entender que durante nossa existência se alternam momentos

bons, ruins, entediantes, instigantes, singelos, amedrontadores. Nessa diversidade de ocorrências e sentimentos é que está o fascínio de viver.

Mesmo na adversidade, somos os principais responsáveis pela nossa vida e podemos alterar o seu curso.

Não aceite viver muito ansiosa ou deprimida. Você pode sentir-se muito melhor e feliz, apesar dos percalços da existência. Vale a pena procurar viver de forma harmoniosa, de bem com a vida, com os outros e, principalmente, com você mesma.

A felicidade também é sinônimo de Beleza.

Beleza | Estar Bem

Meditação

À procura do equilíbrio

A meditação é uma técnica milenar vinda do Oriente que busca trazer, por meio do relaxamento, o equilíbrio entre corpo e mente, para que haja unicidade nas vibrações entre matéria e mente/espírito. A meditação praticada com regularidade por 20 minutos, duas vezes ao dia, ajuda efetivamente na redução do estresse, da ansiedade, melhora a criatividade, estimula a energia física e também harmoniza a expressão facial.

O exercício dessa técnica nos permite transcender e melhorar gradualmente o nível de consciência, com a produção de ondas cerebrais alfa e beta, deixando o corpo em profundo relaxamento. A mente entra em outra freqüência, os pensamentos se ordenam, o estado de consciência e a percepção também se alteram, tudo de forma mais harmônica. Em termos físicos, a respiração torna-se mais lenta e mais superficial à medida que a mente se distancia do corpo.

A meditação produz a perfeita harmonia corpo-mente, melhora as funções metabólicas e a percepção da imagem que temos de nós mesmos, traz benefícios físicos e mentais cientificamente comprovados.

A meditação transcende as palavras e nos coloca em uma nova dimensão. Nossos pensamentos refletem sobre nossa qualidade de vida e na percepção de nossa imagem corporal.

Por mais informações que tenhamos sobre a meditação, somente a sua prática nos leva a perceber a sua verdadeira dimensão.

Existe dentro de cada um de nós um modelo perfeito, um ideal de Beleza e Bondade, que desabrochará no decorrer das práticas de meditação, visualização e mentalização.

Momento de meditação

A meditação, para ser eficaz, exige uma preparação. Assim, use uma roupa confortável, acomode-se em um lugar calmo e silencioso, onde você tenha certeza de que não será interrompida. Comece a meditação como se estivesse iniciando um ritual. Concentre-se no que irá fazer e procure posicionar-se corretamente. Lembre-se que todo esse processo terá duração média de 20 minutos.

O ideal é reservar um período no seu dia exclusivamente para meditar. Tome isso como um compromisso inadiável. Não ceda às tentações do "amanhã eu faço". Este, sem dúvida, é o caminho mais desestimulante que existe. A partir da sua decisão de praticar a meditação, imponha-se uma férrea autodisciplina. Logo você sentirá os benefícios dessa prática e a terá incorporado ao seu cotidiano.

★ *Preste atenção em sua respiração, que deve ser ritmada. Dentro de algum tempo, você perceberá que o ato de respirar a transcende, estabelecendo uma conexão com forças superiores.*

Beleza | Estar Bem

Posições que facilitam a meditação

01 Sentada – a mais simples, porém a mais prática para nós ocidentais, é sentada em uma cadeira, sem inclinar o tronco e com as mãos sobre as pernas. Perceba o corpo inteiro confortável. Feche os olhos, respire bem lentamente. Permaneça nessa posição e sinta sua respiração ritmada. Não controle os pensamentos, deixe que eles fluam de maneira que você tenha a sensação de estar "esvaziando" a mente. Não se preocupe caso não consiga obter essa sensação imediatamente, pois esvaziar a mente não é tarefa tão simples quanto parece. Insista quantas vezes forem necessárias até que sinta como se sua cabeça estivesse oca. A meditação é fruto de treinamento e disciplina. Mas garanto que vale a pena insistir: os resultados são gratificantes.

02 Posição de lótus – ideal para os adeptos de Yoga, mas requer muita flexibilidade, só conseguida com a prática.

03 Ajoelhada – em um banquinho especial para meditação, sentada sobre os pés, com o corpo reto e as mãos sobre as pernas.

04 Deitada – no chão, com os ombros, pescoço, pernas e pés completamente relaxados.

Depois de escolher a posição que lhe traz mais conforto, relaxe profundamente seu corpo, sem, no entanto, adormecer.

Beleza | Estar Bem

Visualização

Continue na posição escolhida para o relaxamento. Foque-se na respiração e nos sons interiores; imagine-se em um lugar agradável e de especial beleza – como uma praia com areia branca, um belo lago cercado por montanhas ou campos floridos – mentalize e crie imagens alegres e positivas. Transponha para esse belo cenário as situações que mais lhe afligem e as de difícil solução.

Imagine-se livre das tensões, aborrecimentos, mal-estares, doenças e estresse. Perceba seu vigor, sua saúde melhorar, sua vitalidade. Sinta o corpo ser tomado pela luz e o calor do Sol. Ele ficará aquecido e pesado com uma sensação de prazer e repouso profundos.

Visualize a superação de suas dificuldades; procure dentro de você resposta para suas dúvidas e as melhores atitudes a serem tomadas diante dos desafios. Permaneça nesse estado de leve torpor trazido pela meditação e pela visualização.

A técnica da meditação é muito simples de ser realizada, traz enormes benefícios ao seu físico e espírito, além de proporcionar grande autoconfiança.

Exercício de Visualização

Estes exercícios foram inspirados em Illuminating the Darkness of Sadness, *de Tolku Thondup*

01 Visualize o corpo sendo inundado por uma total escuridão. Prepare-se para evocar uma luz regeneradora.

02 Imagine que a luz vem de uma fonte poderosa. Ela pode vir de dentro de você ou de uma Fonte do Alto à sua frente. Os raios são brilhantes, quentes, luminosos como milhões de sóis. A luz invade o corpo inteiro, penetrando cada célula, cada átomo.

03 Esta luz vai além do corpo. Ela cura e embeleza. Não há nada em que se segurar, se agarrar – é luz, só luz – não há estresse. Você e o Universo estão perfeitamente unidos. A escuridão da tristeza, do estresse, não resiste a tanta luz. Ela desapareceu.

Mantra

Mantra é a repetição mental ou verbal de uma palavra, de um som. Algumas culturas acreditam que as ondas sonoras emanadas na repetição das sílabas ou série de sílabas de um mantra contêm grande força cósmica. Algumas linhas de pensamento acreditam que o benefício só se concretiza pela sua repetição constante. Escolha um mantra só seu (um segredo... o "seu" segredo, a vibração interior torna-se maior). Este "segredo" poderá ter sido transmitido por um orientador espiritual ou professor de Yoga; ou escolha simplesmente algumas palavras ou sílabas de sua preferência, como OM – PAZ – AMÉM – ALELUIA – AMO – JESUS (para os cristãos). Recite ou mentalize o seu mantra diversas vezes.

Essa repetição conduz a um estado mais profundo de consciência. Algumas escolas de meditação dizem que ele pode provocar uma sensação de limpeza e de purificação interior, de alívio e de cura.

Em muitas culturas, a meditação é considerada uma prece, um meio de conexão entre o mundo material e o Divino, as forças maiores. Eu medito há muito tempo e sinto que este hábito está totalmente incorporado à minha rotina diária. Posso afirmar que os benefícios que a meditação me trouxe (e ainda traz) são infinitos. Você também vai ficar feliz com os resultados que essa prática tão simples produzirá em sua vida!

A meditação é o perfeito encontro com o Eu Maior – ou a vibração do Universo.

A mentalização da energia da luz

Totalmente relaxada, inicie a "viagem de volta". Comece deslizando suavemente os dedos na testa, do centro dela acima do nariz em direção às têmporas e repita mentalmente:

"Agradeço às forças do Universo; agradeço pela serenidade, pela harmonia, pela Beleza divina."

Em seguida, imagine-se em harmonia com o mundo e centre-se em pensamentos positivos.

Ilumine-se projetando nos outros o sincero desejo de compreendê-los e amá-los, mas principalmente de amar a si mesma.

Seja generosa com os sentimentos de afeto para com todos e mentalize a energia da luz invadindo seu corpo, sua vida irradiando à sua volta para todos aqueles de quem você se aproxima.

Levante-se devagar, com gestos suaves, e aproveite toda a sensação de bem-estar que invade o seu corpo e a sua mente.

Beleza
Beleza Completa

21

A Beleza Completa de
do comportamento, do
se enfrentam as circun

pessoa poderá fazer os mais inte

os mais sofisticados tratamento

perfeição e vestir-se com elegân

o efeito desejado.

Beleza | Beleza Completa

nde essencialmente
eito de ser e de como
âncias da vida. Uma
os exercícios físicos,
stéticos, maquiar-se com
a e, assim mesmo, não obter

A Beleza está intrinsecamente ligada a um estado de espírito desarmado, combinado com uma mente relaxada e o coração aberto. É necessário aceitar os desafios e o fluxo dos altos e baixos inerentes à vida, e ter sabedoria para perceber o que pode ser mudado e aceitar o que não há como mudar.

A Beleza, em sua dimensão mais ampla, é feita de compreensão, sabedoria e da perfeita harmonia com o todo.
A meditação, o relaxamento físico e mental e a visualização são práticas de grande importância para ficarmos mais belas. A vida pode nos atingir de várias maneiras, mas não devemos perder a fé e a autoconfiança.

Viver é a mais complexa e bela forma de arte.

★ *Para viver melhor, com tranqüilidade, evite o contato com pessoas que carregam uma energia sombria contagiosa e com pessoas mal-humoradas. Você não imagina como esses contatos podem influenciar negativamente a qualidade de sua energia.*

Irradie confiança

A comunicação humana não é somente verbal: gestos, postura, olhares, transmitem mensagens tanto quanto as palavras. São indicadores precisos do nosso estado de espírito e revelam o que sentimos em relação a nós mesmos e aos outros. Qualquer um pode "ler" o nosso estado de espírito e descobrir como está a nossa auto-estima.

Diante de situações constrangedoras, entre outras que lhe trazem desconforto, procure não transmitir sinais reveladores de nervosismo e de ansiedade (ombros curvados, punhos fechados, lábios crispados, olhar tenso, pensamentos sombrios).

O olhar realmente "fala" muito mais do que as palavras. Expressa o que você sente e pensa. Não deixe também o olhar mergulhar no vazio, voltar-se para baixo ou para as laterais. Encare seu interlocutor de maneira firme e direta. A firmeza do olhar, junto a um ritmo consciente da respiração, traz rapidamente equilíbrio e suaviza o pensamento.

No seu dia-a-dia, procure perceber como é sua postura, se você – mesmo em situações rotineiras – deixa transparecer os sinais de nervosismo ligados à ansiedade. Respire tranqüila e pausadamente sempre. Aquiete-se internamente, e lembre-se: cabeça ereta, olhar suave, naturalmente.

Reconheça a sua felicidade

Tenha gratidão pelos simples presentes da vida. O Sol que brilha, o céu azul, o sorriso de uma criança, o olhar de cumplicidade de um ser amado, ouvir sua própria respiração. Perceba como é bom respirar; rir muito de tudo (ou de quase tudo); sentir uma fonte de felicidade jorrar internamente, lhe proporcionando um estado de plenitude absolutamente embelezador.

Postura

Muitas vezes não nos damos conta de nossa postura. Por exemplo, neste exato momento você deve estar sentada. Como estão seus ombros? Seu pescoço? Suas costas? Suas pernas e braços? Onde está centrado o peso do corpo?

A harmonia e a beleza da silhueta estão no equilíbrio entre as formas e também na postura, na estabilidade dos pés, das pernas, do eixo dos quadris, na flexibilidade das articulações, dos membros, na posição dos ombros, no porte do pescoço e da cabeça – sem que haja acúmulo de tensão em nenhum desses locais.

É muito prazeroso nos depararmos com uma imagem agradável do nosso corpo refletida no espelho, fruto da proporcionalidade das formas, da postura e da energia vital.

Beleza | Beleza Completa

Princípios básicos da boa postura

Ter uma boa postura e manter-se atenta a ela é simples. Para tanto, você não precisa despender grande esforço, mas, sim, desenvolver disciplina e fazer sempre uma auto-análise honesta de modo a reconhecer quais são seus pontos fracos. Depois de os ter identificado, proponha-se a corrigi-los. A partir daí mantenha-se sempre alerta para não retomar aos "vícios" antigos que, com certeza, a deixavam menos bela e feliz. Não se esqueça: a vigilância constante da postura é sua maior aliada.

01 Cabeça – o seu peso influi no suporte do pescoço e nas vértebras da coluna vertebral. Por isso é necessário que ela esteja bem posicionada para não provocar tensão nos ombros, deixando-os retesados ou arqueados. Para manter a cabeça na posição correta, fique em pé, ereta, eleve e abaixe a cabeça e, em seguida, vire-a de um lado para outro. Com uma das mãos colocadas nas costas – na sua coluna – sinta suas vértebras moverem-se com esses simples movimentos. Apenas o fato de colocar a cabeça para frente exige uma adequação de sua musculatura e da espinha dorsal. Olhe para o alto e estique bem o pescoço. Para facilitar o movimento, imagine que uma força esteja puxando seu corpo e esticando-o para cima e, progressivamente, também a cabeça. Abaixe os ombros. Olhe fixamente para frente; permaneça assim, consciente, inspirando e expirando profunda e seguidamente.

02 Ombros – a posição inadequada dos ombros provoca tensão e dores na parte superior das costas. Para melhorar a postura dos ombros execute os seguintes exercícios.

Abra os braços horizontalmente, abaixando os ombros. Faça rotações:
a- dos ombros
b- dos braços esticados
c- dos punhos
d- movimente os ombros de baixo para cima, relaxando-os em seguida.

Estique os braços, com grande tensão, até a ponta dos dedos, como se estivesse empurrando algo. Sua mão deve estar levemente dobrada em forma de concha. Eleve os braços em frente ao peito e realize movimentos de rotação de fora para dentro.

Relaxe. Repita esses movimentos algumas vezes.

Estes exercícios melhoram tensões cervicais e aliviam as dores de cabeça.

03 Tórax e quadris – eleve o tórax para evitar a compressão do diafragma e para permitir o bom funcionamento respiratório e digestivo. Para obter a posição adequada e confortável, estire o tórax para cima e simultaneamente contraia o abdômen. Você deve permanecer ereta, sem tensão nessas áreas.

04 Coluna – é a parte do corpo mais sensível a tensões e, para evitá-las, esforce-se para mantê-la sempre reta. Para conseguir deixá-la na posição certa e confortável faça um exercício simples. Visualize uma força que parte do alto da cabeça esticando o seu pescoço e as suas costas para cima. Erga os braços paralelamente (para cima) e estique-se o máximo que puder. Mantenha-se assim por alguns segundos e solte os braços, relaxando-os totalmente, como também as costas e o pescoço. Repita esse movimento algumas vezes. Tenha cuidado, entretanto, quando se movimentar para não forçar demais a musculatura. Preste atenção também à posição da sua coluna quando abaixar para recolher algo. Use como apoio principal os pés e os joelhos, que devem dobrar levemente. Porém, o peso e a força dos movimentos devem estar centrados nas coxas e no quadril. Abaixar sem dobrar as pernas pode provocar mau jeito, estiramentos musculares e outros problemas.

05 Joelhos – damos pouca atenção aos joelhos, mas eles são essenciais para uma boa postura. Seus joelhos não devem ficar rígidos, para não provocar uma grande tensão na coluna. Os joelhos devem ficar levemente dobrados a fim de suportar o peso do corpo.

06 Pés – são a base de nosso corpo. O peso corporal deve ser distribuído por toda a planta dos pés, dos dedos ao calcanhar.

07 Repouso – muitas vezes nos "jogamos" em um sofá ou em uma cadeira confortável de forma completamente desajeitada. Sentar-se com uma postura descontraída, largada no sofá, pode prejudicar suas costas. Quando possível, prefira o repouso deitada no chão, com o uso de almofadinhas na nuca e embaixo dos joelhos, sem provocar nenhuma tensão na coluna. Quando estiver muito cansada, descanse dessa forma por 10 a 15 minutos. Você verá como é reconfortante o repouso nessa posição! Também não se esqueça que o seu colchão deve ser firme e distribuir o peso do corpo, sem, no entanto, afundar com ele.

Existe em nosso corpo um mecanismo maravilhoso que não deve ser prejudicado. Aja de modo a mantê-lo perfeitamente conservado.

▸ Se você pratica jogging, faz caminhadas, procure sempre usar um tênis adequado para evitar lesões nos joelhos em virtude da sobrecarga dos exercícios.

▸ A moda nos impõe o uso de saltos altos na maior parte das ocasiões. Mas, cuidado, os sapatos devem ser os mais confortáveis possíveis. Para isto, é importante que a curva do sapato seja bem adequada à curva da planta de seu pé.
Muitas vezes sentimos nossos pés cansados ou doloridos pelo uso de sapatos com saltos muito altos, por termos andado demais ou permanecido em pé durante muitas horas.
Ao chegar em casa, ou antes de tomar o seu banho, coloque um bom punhado de sal grosso em uma bacia com água quente. Mergulhe os pés e relaxe. Logo você sentirá os benefícios dessa ação tão simples. Após secar os pés, faça uma massagem com creme especial à base de cânfora e mentol.

Beleza | Beleza Completa

Ajuda especializada

Muitos especialistas e terapeutas afirmam que a maioria das pessoas adquire postura incorreta desde a infância e envelhecem sem saber sentar-se, andar ou mesmo repousar.

Esses maus hábitos provocam, no decorrer da vida, dores, deformações físicas e até lesões graves. E, nesse estágio, as dores lombares ou cervicais podem ser insuportáveis.

Se isto acontece com você, não hesite. Procure ajuda especializada, como o acompanhamento de um fisioterapeuta, para se desfazer de hábitos prejudiciais e reconquistar a segurança, a flexibilidade e a agilidade de movimentos.

"Necessitei de uma vida inteira de luta, trabalho e pesquisa para aprender a fazer o mais simples gesto."

Isadora Duncan

Exercícios físicos

De todas as ações e culto ao físico, o exercício é, com certeza, o mais produtivo. Ele tonifica o corpo, fortalece a musculatura e acentua o combate ao estresse.

Escolha uma atividade física adaptada a seu biotipo. Não faça nada que não lhe dê prazer e sensação de bem-estar. Não imponha a seu corpo esforços que provoquem mais cansaço, dores ou esportes violentos, se você não tem condições físicas e preparo para isso. Seja prudente e respeite seus limites.

Muitas vezes, se você não pode ou não tem tempo para freqüentar uma academia, suba escadas em vez de usar o elevador; procure percorrer distâncias curtas a pé, evitando o uso do carro; pule corda 5 minutos por dia; dê voltas a pé no quarteirão. O ideal é praticar atividades físicas diariamente, durante no mínimo 30 minutos.

Mexa-se! Os resultados são gratificantes!

Quanto mais você se movimenta, mais energia gera, mais feliz se sente e mais bonita fica.

Beleza | Pele

39

O nosso corpo é reve:
manto protetor chamado pele. E
pesado órgão vital. Ela é o reflex

Beleza | Pele

ido por um delicado

a se constitui no maior e mais

a alma e da saúde.

Com o decorrer dos anos, com um constante e minucioso estudo da pele, aprendi a captar suas mensagens sutis. Ela respira, se manifesta e tem "memória". Embora esteja preparada para sofrer agressões do ambiente e, assim, nos proteger, ela requer muita atenção.

A pele é forte e frágil ao mesmo tempo. Por isso exige cuidados diários.

A pele atua como uma barreira contra ameaças externas (bactérias, intempérie) e controla a temperatura do corpo. Sensível, também reage a fatores internos como a carência de determinados nutrientes na alimentação. Seu envelhecimento e conseqüente transformação são irreversíveis. Os genes, porém, têm um papel importante na sua estrutura e nada poderá modificar o código genético que determina suas características.

Beleza | Pele

Qualidade da pele

A qualidade da pele das pessoas, independentemente da idade, pode atrair ou provocar aversão, pois sua aparência é reveladora. A pele é capaz de transmitir ao cérebro informações do mundo externo, como calor, frio e toques de carinho.

Quem se expõe sem proteção ao vento e ao Sol, terá, com certeza, a pele mais marcada e mais espessa do que a de quem se protege desses agentes

Estrutura da pele

Para entender suas funções, precisamos analisar a estrutura da pele. Esta possui três camadas básicas:

- **Epiderme** – é a camada superficial, chamada também de camada córnea que se desprende à medida que novas células são criadas e substituem as velhas. Essa reposição ocorre a cada 28 dias em pessoas jovens e a cada 45 dias após 60 anos.

  As células novas são produzidas na camada basal, abaixo da epiderme. Estas células produzem a melanina, substância que determina a coloração da pele, dependendo de sua quantidade e concentração.

- **Derme** – localizada abaixo da epiderme, é responsável por 90% da espessura da pele. A derme contém receptores nervosos sensíveis ao toque, temperatura e dor, folículos capilares e vasos sangüíneos. As glândulas sudoríparas e sebáceas da derme ajudam a produzir uma "capa" protetora contra bactérias e fungos. Essa capa é uma barreira importante, muitas vezes alterada pelo uso de sabonete que modifica o pH da pele, tornando-se mais vulnerável.

- **Camada de gordura** – proteção natural que ajuda a manter a pele viçosa e macia.

Embora o envelhecimento da pele seja irreversível, a ciência, a medicina e a estética oferecem vários recursos para frear a sua degradação.

Você já deve ter reparado na capacidade de renovação quando a pele é agredida superficialmente, como, por exemplo, quando ela sofre um arranhão. Porém, quando essa agressão é muito violenta, como nas queimaduras sérias, as células das camadas mais profundas são danificadas. Esse tipo de queimadura grave pode ocorrer também pela longa exposição ao Sol.

A ação contínua dos raios solares na pele provoca modificações significativas nela. Exposições repetidas e prolongadas, dia após dia, ano após ano, podem desencadear alterações cutâneas bastante sérias, como tumores cancerígenos, além de acelerar o processo de envelhecimento.

Beleza | Pele

Bronzeamento

A maioria das pessoas deseja ter uma pele bronzeada e gostaria que esta permanecesse assim por um longo período. Muitas delas expõem-se ao Sol de maneira intensa e excessiva, sem nenhum tipo de proteção. Os resultados podem ser catastróficos: pele vermelha, ultra-sensibilidade, dores, febre, bolhas, queimaduras sérias. A pele não "esquece" a quantidade de raios solares que recebeu, seu efeito nela é cumulativo. Assim, anos mais tarde aparecem manchas e o envelhecimento ocorre mais rápido.
As pessoas de pele muito clara precisam da proteção contra os raios solares de forma muito mais intensa! Portanto, proteja-se, pois:

- Uma pele bronzeada também pode apresentar queimaduras quando exposta aos raios solares.

- O bronzeado desaparece com o processo de renovação das células.

- A pele bronzeada torna-se muito mais espessa que o normal.

- Os raios solares conhecidos como UVB, mais nocivos que os UVA, são responsáveis pelas queimaduras.

As agressões sofridas por nossa pele nem sempre podem ser eliminadas. Ao contrário, muitas delas, como a exposição ao Sol, por exemplo, são cumulativas. O Sol é um dos fatores de envelhecimento prematuro e, sem dúvida, o maior inimigo da pele.

A maneira mais saudável de aproveitar os benefícios do Sol seria expor-se antes das 10h e depois das 15h, para uma melhor síntese de vitamina D em nosso organismo e melhor fixação do cálcio nos ossos. Qualquer que seja o grau de bronzeamento desejado é melhor ser prudente. O ideal é não abusar da exposição ao Sol.

Para uma proteção eficaz, recomenda-se o uso de cremes e loções à base de ácido para-amino-benzóico (PABA), contendo um coeficiente elevado contra os UVB, e benoxofenone, para uma proteção contra UVB e UVA.

Para o rosto, use um filtro solar com proteção total, também chamado de bloqueador solar, de coeficiente acima de 30; para o corpo, coeficiente acima de 10.

Se ocorrer a imprudência de permanecer ao Sol exageradamente e sua pele reagir com queimaduras, para obter alívio experimente um banho morno, ou aplique compressas feitas com meio litro de chá preto ou uma mistura de água e leite na mesma proporção. Seque suavemente. Aplique também compressas embebidas em chá de camomila frio. Dependendo da gravidade, consulte um médico para iniciar um tratamento antiinflamatório. Para que este possa ser eficaz, procure ajuda antes que tenham decorrido 48 horas do traumatismo na epiderme.

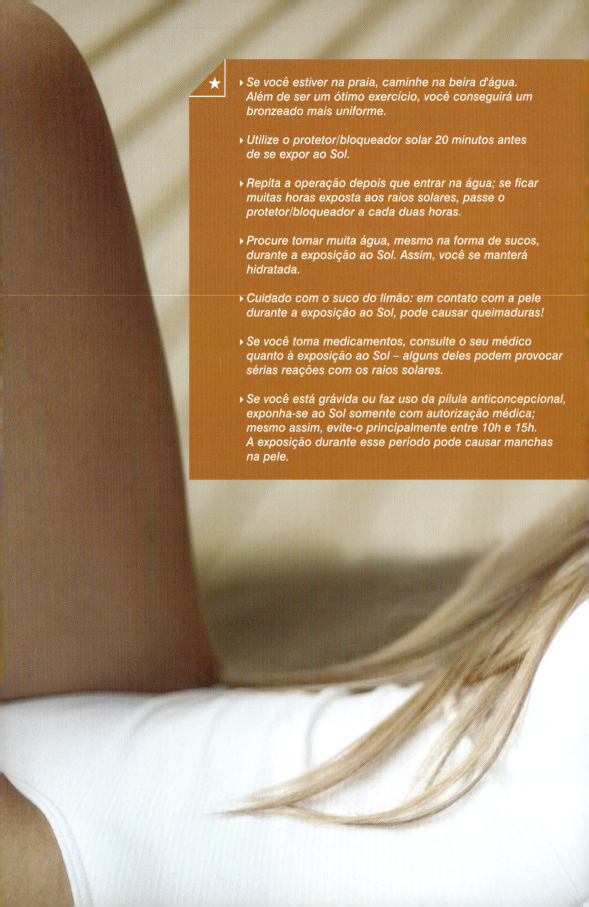

★
- Se você estiver na praia, caminhe na beira d'água. Além de ser um ótimo exercício, você conseguirá um bronzeado mais uniforme.

- Utilize o protetor/bloqueador solar 20 minutos antes de se expor ao Sol.

- Repita a operação depois que entrar na água; se ficar muitas horas exposta aos raios solares, passe o protetor/bloqueador a cada duas horas.

- Procure tomar muita água, mesmo na forma de sucos, durante a exposição ao Sol. Assim, você se manterá hidratada.

- Cuidado com o suco do limão: em contato com a pele durante a exposição ao Sol, pode causar queimaduras!

- Se você toma medicamentos, consulte o seu médico quanto à exposição ao Sol – alguns deles podem provocar sérias reações com os raios solares.

- Se você está grávida ou faz uso da pílula anticoncepcional, exponha-se ao Sol somente com autorização médica; mesmo assim, evite-o principalmente entre 10h e 15h. A exposição durante esse período pode causar manchas na pele.

Bronzeamento artificial

O bronzeamento artificial é muito procurado, apesar de vivermos em um clima tropical, com muitos dias ensolarados. É a solução para conservar o bronzeado por mais tempo ou para antecipá-lo. Apesar do visual bonito, ele deve ser feito com muito cuidado, pois pode causar danos à pele e à saúde. O bronzeamento artificial deve, tanto quanto o Sol, ser utilizado com restrição e precaução. As séries de sessões precisam ter intervalos de tempo.

‣ Não tome Sol após um bronzeamento artificial. Mesmo já bronzeada, proteja a pele – os riscos são os mesmos da exposição prolongada ao Sol. Utilize uma loção ou creme com grande coeficiente de proteção.

‣ Tome uma ducha antes da exposição aos raios solares. Loções, cremes perfumados para o corpo e desodorantes podem provocar uma reação sensibilizante.

‣ Use óculos especiais para proteger os olhos. Foi constatado que as pessoas que vivem em regiões com grande luminosidade – países tropicais – têm tendência a sofrer de catarata mais freqüentemente; portanto, os olhos devem ser protegidos.

Beleza da pele

Um grande inimigo da pele é o cigarro. É fácil reconhecer a pele de quem fuma. Ela é cinzenta, sem brilho, sem vida. Vários estudos demonstram que mesmo após ter abandonado o cigarro, a pele dos ex-fumantes é mais enrugada (especialmente em volta da boca e dos olhos) e apresenta menor viço.

O tabagismo provoca grandes danos, tanto para a Beleza como para a saúde. Realmente, hoje fumar deixou de ser um charme. Ao contrário, sabemos dos malefícios que traz ao organismo como um todo, inclusive à pele. Está na moda ser totalmente limpo: nenhuma droga, álcool, cigarro ou qualquer excesso.

Beleza é não ingerir nem tragar nada que venha a prejudicar, macular o belo organismo com que a mãe natureza nos presenteou.

Aparência da pele

A Beleza da pele é um dos principais atributos da nossa aparência. Para mantê-la firme, saudável, com qualidade e viço, devemos tratá-la com cuidados específicos para cada tipo.

Ouvimos dizer que a pele é seca, oleosa ou normal. Mas essa classificação é muito simplista, pois, na verdade, ela tem características diferentes em áreas diversas, apresentando-se, por exemplo, ressecada na região dos olhos e boca, enquanto a testa e o nariz são oleosos e as maçãs do rosto estão desidratadas. Outras vezes, apresenta regiões sensíveis com asperezas ou oleosidades. Por isso, é necessário identificá-la e conhecê-la bem para poder entender sua dinâmica.

Alterações da pele

A pele pode apresentar uma série de alterações. Vejamos as principais.

- **Sardas** – são pequenas manchas circulares, castanhas, algumas relacionadas à exposição ao Sol. Distribuem-se na face, no colo, no dorso da mão e antebraço. Peles muito claras são propensas a ter sardas e a grande exposição aos raios solares pode aumentar a incidência delas.

- **Cistos** – os cistos sebáceos se formam no folículo piloso. Podem infeccionar quando espremidos sem higiene rigorosa.

- **Pústulas** – são lesões purulentas que devem ser cuidadas pelo dermatologista (de preferência, não toque nelas). Hoje existem tratamentos eficazes para combatê-las.

- **Abscessos** – a área na qual eles se manifestam fica inchada e vermelha, e em hipótese alguma devem ser manipulados. Para minorar esse problema é imperioso ter uma higiene perfeita. Use produtos específicos para neutralizar e acalmar a pele. Recorra ao dermatologista quando o caso for mais severo.

- **Manchas** – afetam um grande número de mulheres. Aparecem freqüentemente após o verão, em virtude de repetidas e prolongadas exposições ao Sol (lembre-se, mais uma vez, que a pele tem "memória"). Freqüentemente estão associadas a problemas hepáticos, hormonais, e aos emocionais também. Para atenuá-las, existem algumas fórmulas que, de preferência, devem ser aplicadas por profissionais especializados: dermatologistas, cirurgiões plásticos ou esteticistas habilitados. As receitas caseiras dificilmente trazem os resultados desejados e podem prejudicar um tratamento eficaz.

Os *peelings* com ácido glicólico, salicílico e tricloroacético dão excelentes resultados. A renovação celular estimula a produção de colágeno, atenuando as manchas e imperfeições da pele. Esses tipos de *peelings* são, em geral, leves, não obrigando ao recolhimento.

Existem soluções ainda mais radicais como *laser*, dermoabrasão ou *peelings* mais profundos. De qualquer maneira, são procedimentos que requerem maiores cuidados, principalmente com a exposição ao Sol.

Beleza | Pele

Tipos de pele

▸ **Pele normal –** é considerada mais equilibrada. Fina e sedosa, ela tem um brilho natural. Cravos e espinhas aparecem ocasionalmente. Apesar do prazer de possuir este tipo de pele, jamais abra mão dos procedimentos fundamentais para sua conservação: limpar – tonificar – hidratar.

▸ **Pele seca –** em geral é pálida, áspera, de espessura fina. Escama facilmente e repuxa um pouco. Tem tendência a enrugar cedo e suas defesas diminuem mais rapidamente.

Reage mais facilmente às substâncias químicas contidas nos cosméticos. Ela necessita ser continuamente cuidada e nutrida. No verão, deve ser protegida do Sol e no inverno, profundamente alimentada. É preferível higienizá-la com creme, leite de limpeza e loções à base de camomila, *Aloe vera* e calêndula. Evite deixá-la sem proteção (creme hidratante e nutritivo). No caso de uso de sabonetes, prefira aqueles que contêm hidratante, pois agem como tratamentos.

▸ **Pele sensível –** em geral são peles bastante brancas, com vasos sangüíneos aparentes, delicados, que se irritam com praticamente tudo – Sol, vento, alimentação, substâncias específicas como medicamentos e cosméticos, perfumes, e até mesmo com as emoções.

A pele muito sensível deve ser tratada de acordo com o seu grau de sensibilidade. Entretanto, conforme a intensidade de suas reações, ela deverá ser tratada pelo dermatologista ou mesmo por um alergista, embora graves alergias sejam bastante raras. Deve-se tomar algum cuidado em relação à escolha de cosméticos, que deverão ser hipoalergênicos ou não alérgicos e sem perfume. O material usado como esponjas, pincéis, algodão, compressas, lápis, potes, deverá ser completamente limpo, não permitindo a contaminação por bactérias, que na maioria dos casos é o motivo das reações alérgicas.

Como as peles secas têm tendência a envelhecer ou enrugar-se mais cedo, deve-se redobrar a atenção nos cuidados diários. Algumas substâncias indicadas para peles secas são:

▸ **Creme hidratante** – com colágeno, vitaminas E e B, calêndula e semente de uva.

▸ **Emulsão hidratante** – com filtro solar à base de uréia, palmitato de retinol, ceramidas e silicone. Usar duas vezes ao dia, de manhã e à noite.

▸ **Creme para contorno dos olhos** – prefira os que contêm retinol e ceramidas.

▸ **Tratamento anti-age** – para peles acima dos 40 anos. Faça uma esfoliação leve uma vez por semana, para acelerar a renovação celular.

★ ▸ A pele oleosa, apesar de mais resistente, pode manifestar irritações e sensibilidade freqüentes. Os ácidos **(fruit-acid)** são recomendados para controlar o excesso de oleosidade. Se a pele for exageradamente oleosa, pode-se recorrer à aplicação de **peelings** específicos, formulados por dermatologistas. Algumas sessões de **laser** resolvem perfeitamente este inconveniente.

▸ Para impedir o aumento da oleosidade é recomendável beber bastante água, não ingerir alimentos gordurosos ou frituras. Evite os produtos de origem animal, excesso de doces, álcool e siga dietas desintoxicantes esporadicamente, à base de frutas, legumes e chá de ervas.

Beleza | Pele

▸ **Pele oleosa** – normalmente a pele oleosa é mais resistente e mais espessa. Os poros são abertos, visíveis e muitas vezes são obstruídos por cravos ou mesmo, espinhas. Requer bastante higiene e cautela para não permitir que os resíduos de cremes e seborréia contaminados por bactérias causem inflamação e culminem em acne.

- Limpe com sabonete líquido ou gel específico.

- Tonifique com tônico com baixo teor de álcool e ácido salicílico.

- Hidrate com emulsão *oil-free*.

- Tratamento noturno: use ceramidas, alfa-hidroxiácidos e gelóides reguladores de oleosidade.

- Creme para o contorno dos olhos – use aqueles com ceramidas e retinol.

- Esfoliação – faça duas vezes por semana (com microesferas à base de caroços de damasco).

Existem no mercado linhas completas de produtos específicos para o controle e equilíbrio da pele oleosa, tanto cosméticas como farmacológicas.

▸ **Pele mista** – em geral, é a mais comum. Algumas áreas brilham, existem cravos no nariz, no queixo e nas maçãs do rosto, muitas vezes até com algumas espinhas, e a pele repuxa no resto da face. O ideal é cuidar de cada região específica adequadamente, neutralizando as áreas oleosas, hidratando e nutrindo as áreas ressecadas. Os ácidos encontrados nos cosméticos terão um efeito equilibrante e renovador nesse tipo de pele.

- Limpe com sabonete líquido.

- Tonifique com tônico sem álcool, que contenha camomila ou azuleno ou simplesmente soro fisiológico.

- Hidrate com ceramidas, gel ou creme, vitamina C.

- Nutra com cremes contendo ceramidas, alfa-hidroxiácido, retinol e elastina.

- Creme para contorno dos olhos – prefira os que contêm ceramidas, vitaminas C e E.

- A pele mista pode ser tratada com produtos que tenham leite de soja e células de levedura a fim de restabelecer ou conservar a sua vitalidade e potencializar a ação da vitamina K (auxilia no combate ao envelhecimento).

Beleza | Pele

Cuidados para todos os tipos de pele

A pele possui uma capacidade extraordinária de renovação. Por isso, não perturbe suas funções normais com tratamentos agressivos ou higienizações irritantes, decapantes, abrasivas e muito freqüentes.

Evite utilizar na pele do rosto sabonete várias vezes ao dia. Uma vez é suficiente, assim como os tônicos à base de álcool. A água mineral vaporizada ou soro fisiológico são recomendados na hora da higienização.

▸ **Limpeza e demaquiagem** – a escolha do demaquiante deverá ser feita sempre conforme o tipo da pele (seca, oleosa, mista ou sensível). Em geral, para a limpeza os produtos são hidrossolúveis. Siga os passos abaixo.

01 Comece pelos olhos (com produto específico para essa área).

02 Complemente com compressas embebidas em loção boricada, soro ou água mineral para não deixar resíduos de cremes ou maquiagem nos olhos.

03 Passe no rosto inteiro, com ajuda de compressas de gaze ou algodão, demaquiante apropriado a seu tipo de pele.

04 Retire todo o excesso do produto demaquiante até o algodão ficar limpo, sem qualquer resíduo de maquiagem e do produto usado.

05 Tonifique com tônico específico, soro fisiológico ou água mineral em *spray*.

06 Seque delicadamente a pele com lenço de papel ou toalha para o rosto.

07 Hidrate ou nutra, conforme a necessidade: peles jovens necessitam de hidratação e peles mais maduras de nutrição.

08 O sabonete medicinal é recomendado na higienização para as peles muito oleosas. Massageie com movimentos circulares a espuma do sabão especial para pele oleosa. Enxágüe bem com água quente ou morna e seque.

Antes de qualquer manipulação da pele, lave bem as mãos para não levar impurezas ou bactérias para o rosto.

▸ **Tonifique** – existe uma gama imensa de tônicos para todos os tipos de pele. São refrescantes e tônicos, como o próprio nome diz. Alguns contêm álcool. É importante que o teor alcoólico não seja muito alto para não ressecar a pele ao longo do tempo.

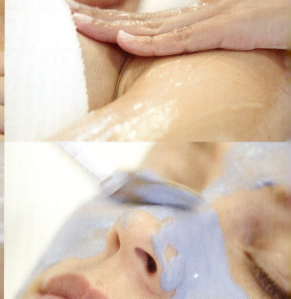

▸ **Esfoliação** – o princípio da esfoliação é provocar uma descamação controlada. Desde a Antigüidade, sabe-se que as musas egípcias e gregas já utilizavam preciosas misturas para esfoliar a epiderme. Temos, hoje, no mercado, quantidades de *peelings*, esfoliantes, soluções ou cremes descamantes que contribuem para a aceleração e renovação celular. No rosto pode ser usado uma vez por semana; no corpo, até duas vezes.

Qualquer que seja a escolha, observe sempre a reação da pele. O objetivo é embelezar os tecidos e renovar a pele, e não irritá-la. A esfoliação deve acelerar o processo de renovação celular, trazendo à superfície uma pele mais fina, limpa e luminosa. *Peelings* feitos com as aplicações de *laser* e ácidos têm o mesmo objetivo: afinar e renovar a pele.

▸ **Hidratação** – a verdadeira hidratação da pele se dá no organismo. Superficialmente, os produtos hidratantes reforçam a ação de proteção da pele, impedindo a sua desidratação. São emulsões de água e óleo e são mais eficientes quando aplicadas sobre a pele levemente úmida. O ácido hialurônico ajuda a fixar a água na pele.

▸ **Nutrição** – siga a mesma orientação dada para a hidratação. A verdadeira nutrição começa internamente, com uma alimentação saudável à base de vitaminas e sais minerais. Os cremes nutrientes completam essa dieta e são os grandes responsáveis pelo combate ao envelhecimento.

▸ **Ácidos** – retinóico, glicólico, alfa-hidroxiácidos, ácidos de frutas (uva). Tanto dermatologistas como esteticistas e cosmetólogos usam esses elementos como a principal ferramenta para a renovação das células. Mas eles só devem ser usados com critério e orientação de profissionais da área. São recomendados a partir de 25 anos.

▸ **Sérum** – à base de água e gelatinas, às vezes é cremoso. Possui uma forte concentração do produto ativo. Pela sua condensação, recomenda-se usá-lo em tratamento especial, em cabine estética ou em tratamentos esporádicos.

▸ **Gel** – é um produto à base de água. Evapora mais rapidamente e é recomendado para as peles oleosas, sensíveis e desidratadas.

▸ **Máscara** – produz um efeito imediato, dando à pele uma aparência limpa, acetinada e esticada. De fácil manuseio, a maioria produz efeito após cinco a dez minutos de aplicação. Em geral é retirada com água.

> *Superficialmente, cremes, emulsões ou máscaras específicas reforçam a proteção da pele, combatendo a sua deterioração.*

Beleza | Pele

Quando começar a cuidar da pele?

A pele nem sempre reflete a verdadeira idade. Vários fatores poderão influenciar na sua aparência, como os cuidados ou a falta deles, o estilo de vida e a alimentação. Podemos contribuir de maneira efetiva para a conservação da pele, com o uso de cremes, limpeza e higienização. Porém, muito cuidado com produtos que prometem milagres, ou com a orientação de leigos (não é recomendável perguntar a uma amiga o que ela está usando e simplesmente utilizar o mesmo produto). Não se esqueça: a sua pele tem características únicas, e o que é bom para uma pessoa pode ser péssimo para outra.

Uma pessoa adulta já se acostumou ao ritual de higiene e o faz de maneira quase automática. Mas a introdução de hábitos saudáveis, e sua posterior manutenção, inicia-se na infância. Por isso, é importante incutir nas crianças tais hábitos desde a mais tenra idade.

Adolescência

A adolescência é uma fase rica em emoções e contradições. Os traços, as formas, se definem, e os cuidados preventivos são fundamentais nesse período. Sob a influência hormonal, a pele e os cabelos se transformam. Uma higiene rigorosa torna-se necessária para que uma seborréia excessiva não se transforme em acne. O adolescente, em busca de sua auto-imagem, muitas vezes se irrita com o que o espelho lhe devolve...

Felizmente existem recursos para estimular o adolescente a ter uma vida ativa, com a prática de esportes, exercícios, e também a cuidar de si de uma forma apropriada. Para tal, pode-se optar tanto por cosméticos quanto por produtos farmacêuticos.

Qualquer que seja a linha escolhida, é preciso lembrar que os adstringentes fortes e usados em excesso, contrariamente ao que pensamos, estimulam ainda mais a oleosidade da pele e a irritam mais.

Para tratar e neutralizar a pele do rosto deve-se cuidar do couro cabeludo em primeiro lugar.

- **Cabelos e couro cabeludo** – devem ser lavados diariamente com xampus apropriados, esfregando-se o couro cabeludo sem força, porém com movimentos circulares que dão a sensação de descolar a pele do crânio. Um xampu diário à base de bardana ou menta é indicado.

- Troque a fronha do travesseiro diariamente por causa da oleosidade da pele.

- Faça uma limpeza de pele a cada três semanas (de preferência, com um profissional habilidoso).

- Não esprema com as unhas eventuais cravos e espinhas, mas, em caso excepcional, com as mãos limpas e desinfetadas com álcool, protegendo os dedos com lenços de papel e desobstruindo os canais inflamados. Não deixe nenhum resíduo. Desinfete e proteja a área com loção secante (à venda em farmácia).

- ▸ Pequenos cuidados e higienização adequada ajudam a resolver o problema.

- ▸ Não tome Sol em excesso. É uma ilusão. O Sol e o calor aceleram o processo seborréico, estimulam a produção de oleosidade, resultando em mais cravos e espinhas após um tempo.

- ▸ Use diariamente loção secante para proteger a pele das bactérias.

- ▸ Use hidratante à base de gel.

- ▸ Use loções dermatológicas. Há excelentes no mercado.

- ▸ Faça limpeza de pele com freqüência – a cada quinze dias (no início, pode até ser mais freqüente).

- ▸ Prefira os filtros solares em forma de gel.

- ▸ A maioria dos médicos receita um antibiótico para evitar erupções maiores (a acne tem vários graus).

- ▸ **Peelings** e descamações com produtos à base de alfa-hidroxiácidos (AHA) são bastante eficazes – os resultados aparecem depois de certo tempo; porém, é sempre necessário usar filtro solar.

▶ **Acne** – eis um problema que atormenta muitos adolescentes. É necessário esclarecer que existem várias formas de acne: típica da adolescência, de desequilíbrio hormonal, do uso inadequado de cosméticos, do uso de medicamentos com substâncias sensibilizantes, do estresse e até das emoções.
Várias soluções podem ser oferecidas em forma de receitas, frascos, potinhos, enfim, soluções caseiras ou tidas como miraculosas. Somos envolvidos por um turbilhão de informações e formulações que nem sempre funcionam. Devemos, com discernimento, recorrer à orientação de profissionais competentes (médico, dermatologista e esteticista) que, em parceria, nos ajudarão a obter bons resultados, com mais rapidez.

Beleza | Pele

Vinte anos

Nessa fase da vida, a personalidade se define. A pele se estabiliza. Uma maior consciência toma conta de nós e a autoconfiança se firma. Percebemos que os tratamentos não devem ser focados única e exclusivamente na parte física, mas também na visão filosófica da vida, com a procura da alegria e da felicidade. A sensação de Beleza deve ser cultivada.

Não bastam simples soluções estéticas e superficiais, que resolvam apenas problemas pontuais. Estamos à procura da totalidade, da harmonia completa. Devemos considerar permanentemente, em patamares iguais, a Beleza física e a Beleza interior. Não existe uma sem a outra.

Aos vinte anos, os caminhos da realização começam a apontar. É necessário explorar este encantamento. Muitas coisas são permitidas.

Pode ser que você faça parte do rol de pessoas que nunca estão contentes, pois a pele continua acnéica, marquinhas em volta dos olhos aparecem e a sensação de insatisfação domina. Antes de tirar qualquer conclusão, analise seu estilo de vida, pesquise como andam seus hormônios. Consulte especialistas que podem verificar o que está errado com você. Procure o dermatologista, o ginecologista, o esteticista. Não raro um medicamento pode alterar sensivelmente a pele nessa faixa etária. Tente driblar os focos de tensão: vale a pena ser feliz e, conseqüentemente, ser mais bonita.

A construção da beleza completa se dá com o decorrer dos anos. O tempo dedicado a cada detalhe, em cada área, reflete-se no conjunto. O culto à Beleza é constante.

Trinta anos

É o momento mais intenso da vida feminina. Um período de grande atividade física. Maternidade, lar, trabalho. As tarefas são tantas que não se percebe o aparecimento sorrateiro de vários inimigos da beleza: quilos supérfluos, manchas, marcas nascentes. A pele já começa a se modificar. Uma certa desidratação, uma pequena sombra no contorno do rosto, olheiras, algo "flácido" aqui e ali. O importante é não perder a graça nem o foco. Pratique exercícios, use o corpo com suas energias de juventude e sabedoria, conectando-se com suas forças interiores para remediar imediatamente o que a incomoda – manchas, estrias, celulite etc. É o momento de praticar diariamente meditação e visualização (meditação embelezadora).

Beleza | Pele

Quarenta anos

Os efeitos do tempo se tornam mais concretos e visíveis. O que era sombra toma forma e pequenas marcas começam a incomodar. Já se cogita a hipótese de uma cirurgia plástica. Por que não? Algumas amigas, artistas, personalidades, já fizeram a experiência.

Certos procedimentos estéticos, porém, permitem protelar esta decisão.

É o momento da verdadeira Beleza madura, desabrochada, tão descrita em poemas. A energia é grande e o desejo de se manter em forma é tanto que os resultados provocados por qualquer procedimento (injeções, implantes, *peelings*, tratamentos estéticos) são eficazes. O objetivo é restabelecer a harmonia dos traços (eliminando a expressão de cansaço) e da silhueta (já se nota a flacidez).

É hora de recorrer aos cuidados de profissionais (esteticista, dermatologista, nutricionista, cirurgião plástico). É hora dos cremes, das máscaras, dos implantes, dos séruns, dos *peelings*, dos ácidos e do botox.

Abuse de cremes à base de vitamina C, E, retinol, ácidos glicólico, de frutas e ceramidas, colágeno e elastina.

Cinqüenta anos

As mulheres dessa idade são tão sedutoras quanto as de 35 anos. A diferença dos anos não as faz sentir como no passado, quando eram consideradas (e também se viam) velhas.

A qualidade da pele, entretanto, encontra-se modificada. Os efeitos da menopausa aparecem seriamente, tais como ressecamento da pele e perda do viço. A reposição hormonal orientada pelo ginecologista traz grandes benefícios. A cirurgia plástica poderá devolver-lhe uma aparência mais jovem, sem, no entanto, deixá-la com expressão alterada, ou com um corpo de menina.

Os procedimentos estéticos ajudarão a manter a sua aparência impecável.

Sessenta, setenta anos e acima

Embora o processo de envelhecimento seja irreversível, temos todas, no fundo do coração, um desejo de eternidade ou de prolongar a qualidade de vida por muito tempo. A genética, certas qualidades inerentes ao estilo de vida e à própria personalidade serão fatores determinantes.

Sabemos que o envelhecimento é sinônimo de deterioração geral do organismo e que a vida de cada indivíduo é fatalmente programada, mas ficar com aparência mais jovem é obsessão de muitas pessoas, especialmente na nossa cultura.

Idade não é sempre sinônimo de decrepitude física e mental. Alguns exemplos de vida nos comprovaram que artistas, poetas, cientistas ou mesmo pessoas voltadas ao mundo dos negócios são ativos com mais de 90 anos. Confessaram que o segredo da forma física estava na lista incansável de atividades e no trabalho realizado com paixão. Isto impedia o espírito e a alma de enrugar-se e envelhecer.

Assim, convém nos prepararmos bem cedo para esta fase da vida e "envelhecer sem endurecer a alma". É melhor prevenir que remediar. Devemos programar exercícios para conservar a silhueta e manter as articulações mais flexíveis, vigiar a alimentação e cuidar do sono. A meditação e a visualização serão ferramentas essenciais para harmonizar a mente.

O famoso *check-up*, realizado por médicos competentes, também será indispensável nesta fase da vida. Sem nos tornarmos hipocondríacos, este é o período da vigilância, em que devemos procurar os tratamentos preventivos para fortalecer nosso organismo.

Bem vivido, este momento pode se tornar nossa melhor fase. Os cuidados faciais e corporais são os mesmos indicados para uma pele madura.

São adequados *peelings* e as substâncias mais ativas. Para atenuar ou "confundir" a palidez da pele, recorremos a delicadas maquiagens com bases hidratantes, revitalizantes e proteção solar. Os exageros devem ser deixados de lado.

Beleza | Pele

Envelhecer não significa renunciar à vida. Afaste-se dos mitos da mulher velha, carrancuda e deprimida. Passe por cima das crenças e atitudes discriminatórias da nossa sociedade. Espelhe-se na sabedoria oriental que respeita o seu ancião, reconhecendo nele o tesouro de uma vida repleta de experiências.

Tive o privilégio de conviver com pessoas e personalidades excepcionalmente encantadoras. Muitas não eram especialmente jovens (de idade cronológica), mas tinham tanto ardor no coração, tanta dedicação à vida que, longe de parecerem velhas, emanavam algo muito mais forte que o rótulo da idade poderia fazer supor.

Lembro-me particularmente de uma senhora de 87 anos, D. Lúcia M., que, semanalmente, não dispensava seu tratamento estético. Quase duas horas de aplicações manuais e eletromecânicas para conservar sua aparência "impecável". Ela dizia após o tratamento: "Como é bom tudo isto, meus netos, bisnetos e as crianças do orfanato que eu cuido terão prazer em me abraçar e beijar. É para eles que eu me cuido".

Não era somente a aparência jovial, a pele ainda acetinada que me chamava atenção em D. Lúcia, mas o brilho e a energia de um profundo desejo de sedução. Exemplos como este temos muitos em nossa clientela, e a grande e famosa Helena Rubinstein foi um deles: aos 90 anos era divina.

Beleza
Cabelos

77

Em algumas culturas, (
são cobertos e proteg
cobiça masculina; em (
exibidos com muitos elementos
radicalmente rapados.

Beleza | Cabelos

cabelos das mulheres
os dos olhares e da
tras, eles são artisticamente
amentais, ou mesmo

Os cabelos emolduram o rosto. E, sem dúvida, têm um forte poder de sedução. Sua aparência é sempre notada. Os cabeleireiros sabem disso. E a indústria da Beleza também! Quantos milhões são desembolsados em publicidade para atrair as consumidoras que desejam tornar seus cabelos mais bonitos e sedutores?

A maneira que os usamos pode tanto escondê-los como revelá-los; se eles não forem bem cuidados, o efeito pode ser contrário ao desejado.

★ Os cabelos podem ser lavados quantas vezes forem necessárias, até mesmo diariamente. Porém, é preciso reconhecer o seu tipo, e não ocasionar traumas.

Beleza | Cabelos

Quase todos dedicam grande atenção aos cabelos, e com razão: seu aspecto e sua forma podem transformar rapidamente a maneira de ser e alterar o estado de espírito das pessoas. Os cabeleireiros que o digam!

Como a pele, para ser bonito o cabelo deve ser saudável e muito bem tratado. Mas, preste atenção: esses cuidados serão tanto internos quanto externos!

Vejamos alguns cuidados que você deve ter com os cabelos:

- Internos – a Beleza e saúde dos cabelos estão diretamente ligadas a uma alimentação equilibrada com proteínas, frutas, verduras, legumes, sem excesso de gordura, dando preferência a cereais, levedura de cerveja, ovos e suplemento de vitaminas do Complexo B.

- Externos – os cabelos, como a pele, têm "memória". Use xampus e cosméticos capilares apropriados. Evite as químicas agressivas e, em especial, as receitas caseiras, porque muitas vezes elas entram em choque com as substâncias ativas dos produtos encontrados no mercado.

Queda e crescimento

Uma pessoa normal tem de 100.000 a 150.000 fios de cabelo em sua cabeça, com um ciclo de vida de três a cinco anos. Os cabelos crescem, em média, um centímetro por mês, mas também caem em quantidades significativas. A cada dia perdemos cerca de 150 fios. Na maior parte das vezes, nem nos damos conta de que perdemos tantos fios de cabelo diariamente.

Se a perda de fios de cabelo for significativamente maior do que isso, é melhor procurar um dermatologista. Essa queda acentuada pode estar ligada a alterações hormonais, estresse, doenças, ou mesmo ao uso de processos químicos inadequados.

Certos casos de alopecias graves são também causados por choques emocionais sérios, e são irreversíveis. Felizmente, lindas perucas resolvem este tipo de problema, por sinal, bastante raro.

Tipos de cabelo

▸ **Secos** – cabelos "sem vida", sem elasticidade e que se quebram facilmente. Como a pele seca, este tipo de cabelo pede maiores cuidados. Evite os *brushings* muito quentes, as químicas agressivas e consecutivas. Aproveite o momento do xampu para tratá-los com máscaras hidratantes e nutritivas. Não é necessário lavá-los todos os dias.

▸ **Normais** – são cabelos brilhantes e sedosos. Para conservá-los, dê o mesmo tratamento recomendado para os cabelos secos. Na hora do banho, aplique o xampu massageando o couro cabeludo. Enxágüe-os perfeitamente para que não fique nenhum resíduo. Evite usar secador muito quente para não danificá-los.

▸ **Mistos** – geralmente as raízes são oleosas e as pontas, ressecadas. Prefira os produtos para cabelos secos que devem ser usados nas pontas; na raiz, aplique produtos para cabelos oleosos. Cuidado sempre com o secador de cabelo muito quente.

▸ **Oleosos** – o excesso de oleosidade nos cabelos dá uma aparência de negligência ou maus-tratos. Aplique um xampu diariamente, formulado com extrato de bardana, menta e hamamélis. Não estimule a secreção seborréica com massagens agressivas no couro cabeludo. Existem fórmulas específicas para neutralização do excesso de oleosidade (o cabeleireiro é sempre um grande orientador). Uma colher de vinagre na última água de enxágüe é recomendada para dar um brilho natural aos cabelos.

▸ **Cabelos com caspas** – em geral, essas incômodas escamações esbranquiçadas são fruto de desequilíbrio hormonal ou infecções diversas. As caspas nada mais são do que o excesso de renovação celular do couro cabeludo.

Para tratar este problema, temos no mercado vários produtos adequados. No caso de serem excessivas, a ponto de provocar constrangimento, procure um dermatologista.

▸ **Cabelos crespos** – esse tipo de cabelo pode se avolumar quando há grande umidade no ar. Para evitar isso, recorra a fórmulas à base de silicone, que protegem e impedem a absorção da umidade, deixando o cabelo menos arrepiado.

▸ **Cabelos finos** – sem volume, de aparência "mole" e ralo. Para minorar este problema, antes de secá-los use um produto que dê mais volume aos cabelos. O calor do secador ajudará a proporcionar este efeito.

▸ **Cabelos cacheados** – os cachos serão mais bonitos e não terão volume excessivo se você usar *spray* hidratante ou vaporizá-los com água, modelando-os com os dedos.

▸ **Cabelos com fios com pontas duplas** – somente um corte da região afetada poderá solucionar esse problema.

★
- Não escove os cabelos molhados.
- Passe condicionador para desembaraçar perfeitamente o cabelo.
- Enxágüe e penteie com um pente com dentes espaçados.
- Seque os cabelos, de preferência, com secador morno.
- Quando fizer, pela primeira vez, uma mudança radical com produto muito agressivo, faça um teste de sensibilidade na parte interna do braço (24 horas antes).

Beleza | Cabelos

O visual dos cabelos

▸ **Corte** – você já reparou como um corte de cabelo pode transformar uma pessoa? Muda a fisionomia, o "astral", até a maneira de encarar a vida. Um bom corte é um bom investimento. Tenha confiança no profissional escolhido para executá-lo. Não existem regras especiais, somente critérios estéticos.

▸ **Permanente ou alisamento** – são serviços delicados, que necessitam muita habilidade, critério e profissionalismo. Não se deve realizá-los sem a ajuda de um profissional.

▸ **Colorações** – são técnicas delicadas que também devem ser feitas por especialistas da área. Porém, se isto não for possível, existem alguns produtos de qualidade que permitem uma mudança de cor suave. Proteja a pele com vaselina ou gel na base da raiz do cabelo para não manchá-la com a tinta.

▸ **Químicas** – os produtos são cada vez mais ativos e menos agressivos. Tanto a coloração como os diversos processos capilares são rituais que contribuem para a beleza e o bem-estar.

Entretanto, cuidado: alguns procedimentos devem ser feitos por profissionais gabaritados, como alisamento, permanentes, reestruturações térmicas, mechas, reflexos, descolorações. Os cabelos têm a lembrança das agressões que lhes foram aplicadas. Siga as prescrições dos produtos que for usar.

▸ **Rinçagem** – acentua levemente a cor natural dos cabelos. É uma tintura solúvel em água, que envolve os cabelos sem pigmentá-los em profundidade. É interessante para os cabelos claros, brancos e cinzentos e permanece nos cabelos até a próxima lavada. Não exagere nas dosagens.

▸ *Henna* – é uma tinta natural. Excelente para a saúde dos cabelos. Existem várias tonalidades: castanho, vermelho e preto. O efeito é melhor sobre os cabelos escuros. Não é recomendável o seu uso sobre os cabelos claros ou brancos. A hena pode dar excelentes resultados, porém o seu efeito pode ser terrível se uma tinta química for sobreposta a ela.

Beleza | Cabelos

Devo mudar a cor dos cabelos? Por que não? A coloração hoje faz parte de uma vestimenta que acompanha a moda. Comece com pequenos reflexos. Realce uma tonalidade ou faça mudanças mais expressivas. As mudanças radicais podem provocar um impacto muito forte e causar insegurança no início.

Converse primeiro com seu cabeleireiro, troque idéias, escolha algo que irá harmonizar com seus tons naturais de pele, olhos, maquiagem, personalidade e preveja os resultados. Pense no investimento e nos retoques periódicos que serão necessários para deixá-lo sempre bonito e harmônico.

Hoje, homens e mulheres jovens, menos jovens, adolescentes, exibem mechas coloridas ou tons mais excêntricos com tranqüilidade, felizes de se adaptarem às variações das tendências do momento.

Do que os cabelos precisam?

- Xampus, cremes, máscaras, condicionadores para cada tipo de cabelo.

- Finalizadores para modelar e dar efeito, como gel – para um efeito úmido, liso, com acabamento perfeito para cabelos curtos e coques.

- *Mousses* para estruturar os cabelos mais volumosos.

- Cera, que dá volume e separa mechas ou determinadas mechas. Não a use em grandes quantidades para não dar um aspecto de cabelos oleosos.

- *Spray*, ou o tradicional fixador, que acomoda os fios rebeldes, modelando coques e penteados.

- *Gloss* é a brilhantina de hoje. Dá brilho e maciez.

Para preservar a beleza dos cabelos:

- **Massagem** – circular, feita com a ponta dos dedos para tonificar o couro cabeludo, tentando estimular e friccionando toda a cabeça. Pode-se fazer com o cabelo seco ou molhado.

- **Escovação** – escove o cabelo suavemente com gestos ritmados e tranqüilos, sem vigor nem brutalidade, antes do xampu, antes de dormir ou quando acordar.

- **Cabelos brilhantes** – dilua duas colheres de sopa de vinagre em um litro de água morna e jogue no cabelo na penúltima enxaguada.

- **Água fria** – ideal na última enxaguada para tonificar o cabelo sem brilho.

- **Desembaraçar** – usar um pente com dentes espaçados e pentear sem muita força.

- **Hidratação** – após cada xampu, não dispense os cremes e as emulsões hidratantes recondicionadoras.

- **Na gravidez** – a mudança hormonal freqüentemente favorece o crescimento e a beleza do cabelo. Porém, após o parto, uma forte queda pode acontecer. Não se assuste, geralmente ela cessa em pouco tempo.

Estilo

Um bom corte deve permitir vários estilos. Com uma escovada para cima, para um lado ou para o outro, com a ajuda de um creme modelador, de um gel, de um *spray* estruturante ou de volume, será possível ser natural de manhã, comportada à tarde e sofisticada ao entardecer.

- **Cabelos lisos e linha reta** – com *mousse* fazer um *brushing* para cima e para baixo. Seque mecha por mecha, começando na nuca e siga alisando o resto do cabelo, aplicando um sérum ou creme para cabelos lisos.

- **Cachos** – cacheie mechas de dois a três centímetros, enrolando-as nos dedos com grampos. Seque naturalmente ou com a ajuda do secador. Solte os cachos após completamente secos.

- **Coque banana** – o mais clássico, o mais elegante e eterno jeito de prender os cabelos. Penteie todo o cabelo para um mesmo lado e fixe com grampos na vertical. Traga os cabelos para o centro da cabeça e enrole-os como se formassem um canudo com eles. Prenda com grampos para segurar os cabelos com firmeza e use *spray* para reforçar a segurança do cabelo preso.

- **Coque torcido** – puxe os cabelos em rabo de cavalo e prenda-os com elástico especial para cabelos. Faça um torcido do rabo de cavalo em volta da sua base e fixe-o com grampos. Você pode soltar alguns fios e mechas para dar um efeito mais moderno mais descontraído.

Beleza
Corpo

91

Longe está o tempo e[m]
de tornozelos à mostr[a]
sonhos e os desejos [n]
atual, nas suas mais diferentes t
mulher. As saias foram encurtad
decotes alargaram-se e aprofun
mínimo necessário.

Beleza | Corpo

que cinco centímetros
despertavam os
ais delirantes!... No mundo
dências, a moda desnudou a
ao seu ponto máximo; os
ram-se; os biquínis cobrem o

Essa exposição revela as qualidades, mas também os defeitos dos nossos corpos. Em virtude disso, é imperativo manter a pele, as formas, a postura e o estilo absolutamente em ordem.

Felizmente, se você não está satisfeita com sua aparência, nem tudo está perdido. Há alguns recursos que nos ajudam a nos manter firmes e proporcionais, como exercícios físicos, fisioterapia, tratamentos e medicina estética, cirurgia plástica, cuidados cotidianos com todo o arsenal "higiene-beleza" (buchas, escovas, produtos cosméticos e farmacológicos). Esses cuidados, aplicados de forma adequada e seletiva, permitem uma melhora significativa na aparência da pele e nas formas do corpo.

Beleza | Corpo

A pele do corpo

A pele do corpo pode ficar áspera, com cor acinzentada, apresentar manchas e pequenas alterações – queratoses, discromias, verrugas rubis etc. Essa situação pode ser revertida e a pele retomar (ou manter) a sua maciez e beleza. Para isso você deve ter cuidados tanto em sua casa, com ações diárias e semanais, quanto em salões de beleza, clínicas, *spas* e academias de ginástica.

Para um tratamento eficaz de beleza, veja o que existe para deixar seu corpo bonito.

Produtos

O mercado oferece uma grande quantidade de produtos cosméticos e farmacológicos para tratamentos básicos de embelezamento da pele.

▸ **Esfoliante** – é uma mistura cremosa com partículas ásperas, como caroços de damasco e de uva, sal grosso, açúcar ou microesferas abrasivas que, ao ser usada para massagear a pele, provoca a remoção de impurezas e células mortas. É uma maneira eficiente de limpeza, deixando a superfície da pele lisa e brilhante, mais receptiva aos cuidados estéticos e às aplicações de cosméticos.

Com o creme esfoliante, faça uma massagem com movimentos largos, suaves e circulares, no sentido ascendente, sem colocar força neles. Ele deve ser aplicado de preferência pouco antes do banho, ou mesmo sob o chuveiro. O importante é enxaguar perfeitamente a pele, retirando qualquer resíduo de produto.

▸ **Hidratante corporal** – o hidratante é importante porque impede que a pele perca água. Os cremes são formulados para conservar a umidade natural, fazendo um bloqueio, uma barreira contra a evaporação da água que temos no organismo. Podem ser encontrados na forma de emulsões, leites e cremes.

Nesta última década, foram descobertos produtos muito eficientes, melhorando a performance das formulações, que previnem e restauram qualquer tipo de pele. Use-os depois do banho, em todo o corpo, principalmente nas partes mais ásperas e ressecadas. Não se esqueça dos cotovelos e joelhos.

Ritual corporal

Você pode cuidar do seu corpo em casa, como se estivesse em um instituto de beleza. Prepare-se para isso e faça esse ritual uma ou duas vezes por semana. Para isso, escolha o seu *kit* corporal da mesma linha, com a mesma fragrância, evitando "conflitos" de aromas. Aproveite e ponha em prática as informações que você já obteve com este livro e torne este momento único. Ele é o seu momento – um investimento em si mesma.

Respire com consciência, lentamente, em um ritmo suave. Torne o espaço "energeticamente" agradável. Sinta os aromas, a luz; visualize o cenário: flores, velas perfumadas acesas, uma música muito agradável, seja ela romântica, clássica, uma voz especial ou a abertura de uma ópera.

Não se esqueça: esse momento é seu, só seu. Presenteie-se com pensamentos e gestos delicados, suaves. Olhe-se no espelho com ternura, agradecendo por fazer parte do Universo. Cultive bons pensamentos – de amar-se e também de amar aos outros! Aproveite e tenha em sua própria casa as delícias de um verdadeiro spa.

Passos do ritual de Beleza

▸ Após a esfoliação, no chuveiro ou durante um banho aromático (ver adiante), faça uma automassagem com o creme de sua escolha.

▸ A opção por determinado produto deve considerar a idade, a qualidade da pele e sua condição financeira. Os preços dos cosméticos variam muito. Para um bolso menor, há uma escolha adequada de produtos que também terão bastante eficiência. Leia com atenção a formulação e recomendações que constam dos rótulos dos cosméticos.

▸ Escolha o hidratante corporal que melhor lhe convém em função da qualidade da pele; uma pele jovem poderá optar por produtos mais "leves", apenas como bloqueadores da desidratação; para as peles mais maduras é aconselhável combater o foto-envelhecimento e a degeneração natural – com substâncias bio-ativadoras, ácido hialurônico, vitaminas B, B_1, B_2, B_6, E, algas, óleos especiais de abacate, karité, jojoba, calêndula, *Aloe vera* entre outros.

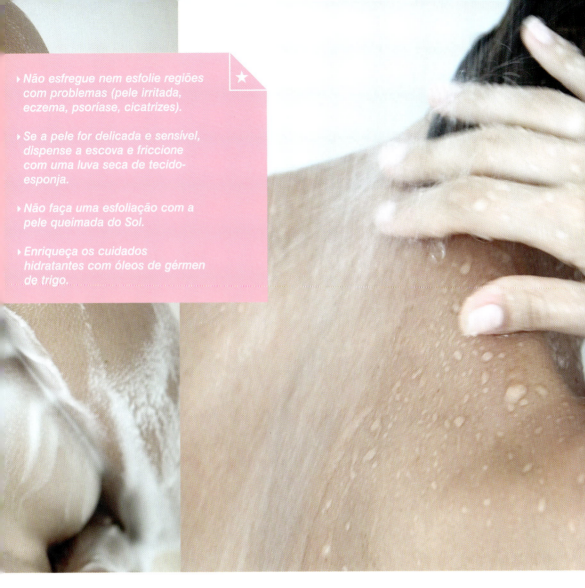

- Não esfregue nem esfolie regiões com problemas (pele irritada, eczema, psoríase, cicatrizes).

- Se a pele for delicada e sensível, dispense a escova e friccione com uma luva seca de tecido-esponja.

- Não faça uma esfoliação com a pele queimada do Sol.

- Enriqueça os cuidados hidratantes com óleos de gérmen de trigo.

Esfoliação a seco e chuveiro

- Podemos também criar um efeito de esfoliação a seco, usando uma luva de bucha de sisal ou uma escova seca de cerdas naturais.

- Antes do banho de chuveiro, friccione o corpo inteiro, exceto a face, com movimentos longos e largos, circulares, ascendentes, começando pelos pés, subindo pelas pernas, seguindo nos braços, busto (evitando os seios). As fricções são feitas no sentido do coração.

- No abdômen, as fricções devem ser no sentido horário. O corpo, aos poucos, vai aceitando a estimulação.

Tome cuidado para não exagerar, pois a pele pode ficar vermelha, o que é normal; porém, nunca deve ficar irritada.

- Tome banho de chuveiro normalmente e hidrate o corpo todo.

Banho aromático antiestresse

Depois da esfoliação e do banho de chuveiro, você pode otimizar o seu ritual com um banho aromático. Tenha um momento de paz, libere as tensões do corpo e do espírito com esse banho. Envolva-se em aromas ou em essências.

O banho é uma experiência terapêutica milenar. A hidroterapia já era conhecida pelas antigas civilizações. A água quente acalma dores e aflições.

Aromas ou essências para banho: ★

- **Alecrim** – relaxante, combate a fadiga muscular e suaviza a pele.
- **Camomila** – combate o estresse e a ansiedade; suaviza a pele.
- **Canela** – tônico para o cansaço.
- **Eucalipto** – descongestionante (é o mais utilizado nas saunas).
- **Hortelã** – energizante e bom para dores musculares.
- **Lavanda** – energiza, renova e combate o estresse e a depressão.
- **Laranja** – tonifica, energiza e revigora.
- **Melissa** – combate a insônia.
- **Rosa** – envolve pela sensualidade – afrodisíaco.
- **Ylang-Ylang** – combate as tensões.

Kit ou arsenal do banho aromático:

- sabonete líquido ou *mousse* para banho
- uma esponja
- sais de banho da fragrância escolhida ou sal grosso
- óleo de banho
- creme-leite ou emulsão corporal
- creme para os pés
- creme para as mãos
- creme apropriado para combater a flacidez, celulite ou adiposidades.

01 A água deve estar em temperatura agradável, nem muito quente, nem morna demais. Agradável, do jeito que você mais gosta.

02 Adicione óleo, espuma, essências, a fim de produzir o efeito desejado (relaxar ou estimular, conforme o momento).

03 Coloque pétalas de flores ou mesmo flores inteiras, se quiser um ritual especial (como nos *spas*).

04 Acenda uma vela aromática (mesmo aroma que o do seu *kit*).

05 Coloque sua música predileta.

06 Mentalize sua felicidade.

07 Entre na água, curta e relaxe.

Esse banho tão especial tem como base a aromaterapia, prática milenar surgida no Egito Antigo. Os egípcios sabiam da grande importância da saúde e higiene corporal, e possuíam grande conhecimento sobre os efeitos dos perfumes e das substâncias aromáticas no corpo e na psique humana. Eles também praticavam a arte da massagem e tinham amplo domínio dos cuidados com a pele e da cosmetologia.

O embalsamamento dos mortos era essencial na religião egípcia. O uso de substâncias aromáticas tinha, nesse ritual para a preservação do corpo depois da morte, um de seus usos mais importantes. Grécia, Roma e todo o mundo mediterrâneo aprenderam com os egípcios a prática da aromaterapia, que se popularizou rapidamente. No início do século passado, pesquisadores reconheceram os benefícios dessa terapia e procuraram resgatar esse conhecimento que atravessou os séculos.

Na terapia aromática são fundamentais os óleos essenciais extraídos de diversas plantas. São estimulantes biológicos ricos em fito-hormônios, flavonóides e enzimas. Testes em clínicas e consultórios dermatológicos evidenciaram a ação curativa dos óleos. Eles exercem um efeito benéfico na manutenção e na melhoria do tônus e da rigidez da pele. Por meio do olfato, a "mensagem perfumada" é levada ao cérebro. O efeito psicossomático se dá pela ação relaxante ou energizante.

Formas

Todas as mulheres se preocupam com suas formas, o que é absolutamente salutar. Porém, há regiões nas quais concentramos mais atenção. Lembre-se sempre que seu corpo todo deve estar em harmonia, não descuide de nenhuma parte. Sabemos, entretanto, que há zonas e áreas de nosso corpo que tendem a ter problemas antes do que outras regiões.

Observe-se no espelho com olhar crítico e veja qual o estado do seu pescoço, dos seus braços, e se há "dobrinhas" e gorduras localizadas. Faça uma autocrítica, identifique os problemas e procure as soluções.

Pescoço

Não devemos nos esquecer do pescoço. Por isso, para mantê-lo belo e harmonioso em relação ao seu colo e rosto, não hesite: creme e mais creme apropriado nele!

Braços

Em que estado encontram-se os seus braços?

Flácidos, ásperos, sem definição muscular?

Se a resposta sincera for sim, não se desespere, pois há solução! Os exercícios físicos, realizados sistematicamente, ainda são o melhor remédio para manter os braços firmes e definidos.

Você pode também se submeter a alguns tratamentos oferecidos em institutos de beleza que ajudam a minorar os problemas:

- Endermologia para romper a formação de celulite e adiposidades.
- Corrente farádica para criar contrações ritmadas e remodelar os contornos.
- Máscaras de lodo ou argila para firmá-los.
- Os *wraps* (enfaixamentos), para afiná-los e remodelá-los.

Se você notar que a tonicidade da pele de seu braço não é mais a mesma, recorra ao uso de cremes à base de ácido salicílico, ácido glicólico, óleo de uvas, de amêndoas, uréia para melhorar sensivelmente a qualidade da pele dessa região. Massageie mais profundamente as áreas mais críticas sem, evidentemente, esquecer do resto de seus braços.

Gorduras localizadas

Eis um grande drama para muitas mulheres. A gordura se localiza em determinadas regiões do corpo, como os culotes e costas. Esse acúmulo de gordura é difícil de desaparecer, mesmo com exercícios físicos intensos e específicos. Apesar disso, não os dispense, pois eles ajudam a evitar o depósito de mais gordura, dão mais firmeza aos músculos e tonicidade à pele.

Beleza | Corpo

A lipoaspiração é uma excelente alternativa, constituindo-se na melhor opção para esses casos. Os excessos são eliminados por uma cânula, que aspira a gordura localizada. É uma prática simples, recomendada para pessoas que não apresentem grande flacidez, e quanto mais jovem o paciente, melhor o resultado.

Se você considerar apropriada essa alternativa, procure um especialista.

Busto e seios

Artistas, pintores, escultores e fotógrafos desde os tempos imemoriais exploram os seios da mulher como a mais sugestiva expressão de beleza. Grandes ou pequenos, a forma e o volume podem variar. A Beleza deles dependerá mais da qualidade do tecido (uma característica genética), do equilíbrio e da harmonia em relação às dimensões do tórax, dos ombros e da silhueta como um todo.

Nada melhor para mantê-los com boa aparência do que uma massagem cotidiana com creme específico. Assim, levante um braço e coloque uma das mãos na nuca, massageie (com a mão livre), executando um grande oito de um seio para o outro, insistindo em "querer" dissolver as adiposidades na área das axilas. Repita o exercício, do outro lado, com a inversão das mãos. Na região entre os seios (no meio do *plexus*) seja um pouco mais atenta na hora da massagem e coloque força adicional nos movimentos, pois essa região é bastante frágil e pode adquirir rugas e marcas facilmente.

Mensalmente, depois da menstruação, apalpe os seios em pé ou deitada. Faça pequenos movimentos circulares das axilas até chegar ao mamilo, Qualquer nódulo ou alteração na aparência dos mamilos deverão ser comunicados ao seu médico ginecologista. Não se assuste, pois muitos nódulos são benignos. Antes da menstruação podem aparecer pequenos nódulos, fruto da displasia mamária, que se desfazem. Assim mesmo, não deixe de informar o ocorrido ao seu médico.

Beleza dos seios

Os seios menores têm menos problemas de flacidez e deixam a silhueta mais leve. Em compensação, os seios mais cheios expressam maior feminilidade.

Tratamentos e exercícios

A estética oferece alguns tratamentos específicos que ajudam a melhorar a tonicidade dos músculos peitorais, assim como a qualidade da pele dessa área corpórea. Trata-se de aplicações em forma de ionização, massagens, compressas e cataplasmas impregnados com substâncias regeneradoras e tonificantes.

A eletroterapia provoca contrações da musculatura sob várias formas de modulação rítmica, visando, de forma passiva, substituir os exercícios tradicionais de musculação. Esse trabalho muscular favorece o enrijecimento da mama e o fortalecimento dos músculos peitorais, melhorando também a qualidade da pele.

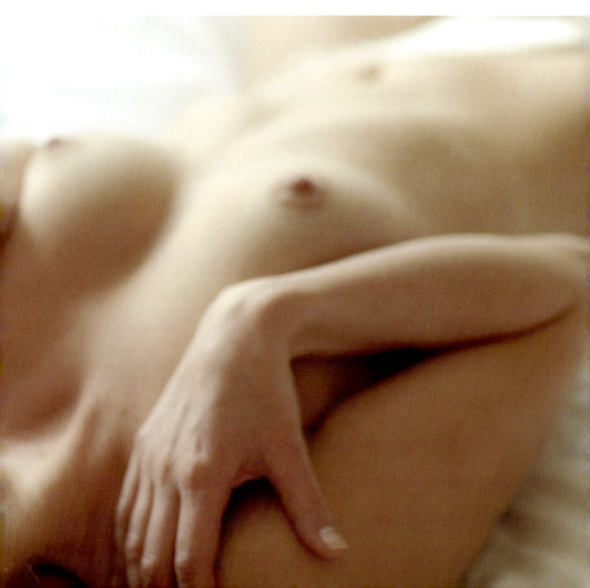

Beleza | Corpo

Aplicação de cosméticos

Tanto em clínicas, *spas*, salões de beleza ou em casa, nos tratamentos cotidianos, as emulsões, os cremes, os séruns para prevenir e conservar a qualidade da pele, se aplicados corretamente, trazem resultados significativos.

Depois do banho, faça massagens circulares e sempre ascendentes para aplicar o cosmético escolhido. Geralmente os cremes mais eficientes são à base de castanha-da-índia, *Ginkgo biloba*, centelha asiática e vitamina E.

Cirurgia plástica

Quando os exercícios e os recursos estéticos se tornam ineficazes, a cirurgia plástica ganha espaço. Felizmente, hoje, com o recurso da cirurgia plástica, é possível se aproximar do seu modelo ideal de formas e de seu mais íntimo desejo de ter um corpo harmonioso! Porém, é importante manter o bom senso e jamais fazer desse desejo uma obsessão, ou querer se transformar radicalmente, tomando emprestado modelos estéticos que não condizem com sua estrutura óssea, carga genética, entre outras características individuais.

- **Redução** – as mamas muito grandes trazem outros problemas, mais importantes do que o aspecto estético. Um dos mais sérios é o comprometimento da coluna em virtude peso dos seios. A redução é uma operação considerada grande em termos médicos, com necessidade de anestesia geral e um período em média de um a dois dias de internação em hospital ou clínica, uma semana de repouso, sem usar os braços, e um mês para a ampliação das atividades físicas.

  As incisões cirúrgicas na pele, apesar de grandes, com o tempo tornam-se pouco visíveis. O corte é em forma de um "T" invertido no seio, e também em volta do mamilo. Se você optou pela solução cirúrgica, procure um médico qualificado. Não tenha receio em perguntar tudo o que deseja saber sobre esse procedimento. Indague, peça explicações, recolha o maior número de informações sobre o ato cirúrgico e o pós-operatório. Você deve se sentir segura, muito confiante e estar consciente dos possíveis resultados. Siga rigorosamente as orientações médicas e mergulhe com fé na transformação. Não esqueça que o seu estado de espírito é fundamental para alcançar ainda melhores resultados.

- **Aumento e remodelagem dos seios** – para os seios pequenos, em geral, o procedimento é mais simples e rápido, sendo, por isso, muito utilizado. No ato cirúrgico introduz-se uma prótese, chamada de implante mamário. Essa prótese é feita de material que não causa nenhum dano à saúde e traz excelentes resultados. É preferível escolher um tamanho que se harmonize perfeitamente com suas proporções naturais (ombros, tórax, altura etc.). A cicatriz é muito pequena e tende a desaparecer.

- **Remodelagem ou *lifting*** – após uma grande perda de peso, amamentações ou pela qualidade menos rígida do tecido dos seios, poderá recorrer-se ao *lifting*. Essa cirurgia tem o mesmo período de tempo de recuperação do que a de redução da mama.

- **Reconstituição** – são intervenções realizadas em mulheres que sofreram mastectomia (retirada da mama). O cirurgião, com próteses ou tecidos e músculos da própria pessoa, refaz a(s) mama(s).

111

Beleza | Corpo

Cintura

No passado, nossas avós ou bisavós usavam espartilhos, uma peça que apertava e mantinha o corpo firme, deixando a figura mais fina.

Hoje, preferimos a liberdade dos movimentos e uma cinta feita de músculos firmes. Trabalhamos essa cinta natural com exercícios abdominais praticados diariamente.

Para ter cintura e barriga firmes, encolha a barriga. Segure na posição o maior tempo possível simultaneamente com a sua respiração. Solte os músculos e a respiração, suavemente. Faça isto 20, 30, 50 ou 100 vezes por dia. Esse exercício é ótimo para melhorar o aspecto e afinar a cintura. A ginástica aeróbica, *step*, *jogging*, natação e exercícios de Yoga também ajudam a manter uma cintura fina e firme.

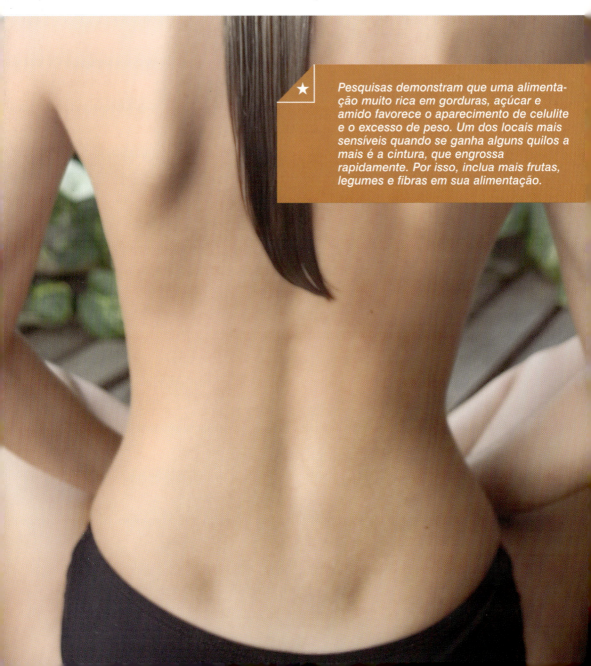

★ *Pesquisas demonstram que uma alimentação muito rica em gorduras, açúcar e amido favorece o aparecimento de celulite e o excesso de peso. Um dos locais mais sensíveis quando se ganha alguns quilos a mais é a cintura, que engrossa rapidamente. Por isso, inclua mais frutas, legumes e fibras em sua alimentação.*

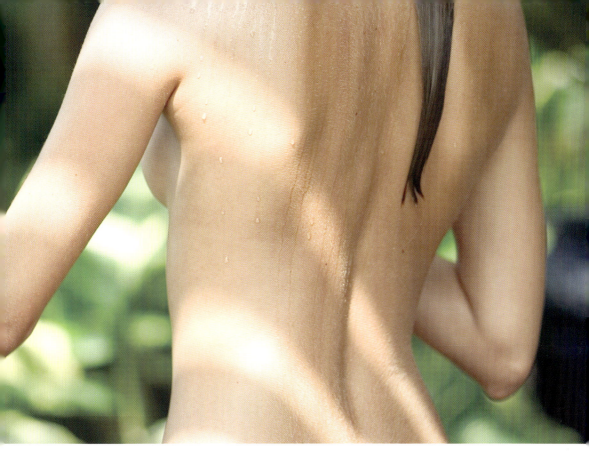

Costas

Todos podem nos ver de costas... menos nós mesmas! Embora não possamos nos enxergar sem a ajuda de espelhos, as costas são uma parte muito expressiva da nossa silhueta e da personalidade. Por sua posição, como o grau de arqueamento, transmitimos muitas sensações, como cansaço, desânimo, depressão, dores...

Voltemos à postura ideal: cabeça ereta, pescoço também, quase esticado, estabilidade dos pés, das pernas, dos joelhos, dos quadris, da cintura, barriga para dentro, pélvis levemente contraída.

Uma maneira de nos reequilibrar e ter uma boa postura é mentalizar o ideal de perfeição para o nosso corpo. Visualize, atenta e continuamente, a recolocação delicada de cada vértebra da coluna, o que provoca o reajuste dos ombros, tórax, omoplatas, braços, que se encaixam nos seus devidos lugares, naturalmente. Visualize também uma luz emanada do corpo que circula por ele, aquecendo-o e lubrificando-o.

Sinta a sensação infinita da vida presente e companheira dentro de você.

Beleza | Corpo

- **Pele das costas** – deve receber os mesmos cuidados que a do rosto. Aplique regularmente um *peeling*, uma esfoliação ou mesmo esfregue uma bucha de cerdas naturais para ativar a circulação, eliminando impurezas e tornando a pele lisa e macia.

  Se tiver cravos ou espinhas, recorra a um esteticista para uma limpeza de pele em suas costas.

  Ative a circulação, esfregando essa região do corpo durante o banho. Depois dele, peça ajuda a alguém – companheiro, irmã, mãe, amiga – para friccioná-la com uma luva de bucha e complete o tratamento aplicando uma loção adstringente e emulsão para corpo.

- **Massagem** – as costas devem ser descontraídas, relaxadas e tonificadas com massagens e automassagem.

- **Adiposidade** – os mesmos cuidados dedicados à cintura e aos quadris podem ser aplicados para melhorar o aspecto das costas.

- **Tensão nas costas e nos ombros** – muitas pessoas acumulam as tensões na região da nuca e dos ombros. A tensão acumulada provoca o retesamento dos músculos, que ficam duros e, não raro, formam-se nódulos. A sensação de desconforto é enorme e algumas pessoas chegam a sentir fortes dores. O ideal é usar a técnica da meditação para relaxar e retirar a tensão acumulada.

  Para distender essa região, fique de pé ou sentada no chão, faça um movimento bastante lento de rotação com sua cabeça no sentido horário e volte no sentido anti-horário. Em seguida, vire a cabeça levemente para o lado direito, inclinando-a em direção ao ombro, retendo por alguns instantes a posição. O movimento deve ser repetido também no lado esquerdo.

Tratamentos corporais

Os tratamentos corporais são bastante eficazes. É fundamental aplicar o tratamento mais indicado para cada caso; para isso, precisamos observar o nosso biótipo e identificar as áreas que apresentam problemas. Muitas vezes as soluções não trazem resultados imediatos, pois são fruto de tratamentos mais longos, de uma reeducação alimentar e da prática regular de exercícios físicos.

Gordura localizada

As indesejáveis saliências e "pneuzinhos" que teimam em modificar nossa silhueta podem ser combatidas de diversas maneiras. O principal "remédio" é uma boa dieta e manter o peso ideal. Para isso, evite os excessos, pratique exercícios e recorra a tratamentos médicos e estéticos específicos e, se nada disso trouxer os resultados esperados, ainda há a alternativa da cirurgia plástica ou a lipoescultura.

116

Celulite

Talvez a celulite seja o maior terror feminino. Celulite é o nome popular dado à lipodistrofia ginóide e é uma disfunção que ocorre no tecido adiposo, nos tipos ginóides (femininos), concentrada na parte inferior do tronco, quadris e coxas. Trata-se de um tecido mal oxigenado, resultante de um mau funcionamento do sistema circulatório cujos responsáveis são:

- **Fatores genéticos**
- **Desequilíbrio hormonal**
- **Sedentarismo**
- **Alimentação desregrada**
- **Circulação sangüínea comprometida**
- **Estresse**
- **Retenção de toxinas**

Os tratamentos são bastante semelhantes àqueles recomendados no combate à gordura localizada. Eles serão mais eficazes se aplicados no primeiro dos quatro estágios da celulite.

- **Grau 1** – os nódulos são pouco visíveis e aparecem somente na apalpação e no pinçamento do tecido. São indolores e os tratamentos aplicados trazem resultados bastante satisfatórios.

- **Grau 2** – as ondulações na pele são mais visíveis em virtude do aumento do edema. Os nódulos apresentam tamanhos diferentes. Sensibilidade ao toque.

- **Grau 3** – os nódulos são maiores e disformes, dando à pele o aspecto de uma "casca de laranja". Algumas vezes pode haver dor nas áreas mais afetadas e os tratamentos demoram mais tempo para trazer resultados satisfatórios.

- **Grau 4 – Fase de esclerose** – nesse estágio é difícil a reversão do tecido afetado. Os micronódulos se unem, formando macronódulos. A celulite pode diminuir de grau quando tratada; porém, nesse estágio, infelizmente ela não chega a desaparecer por completo.

Sem dúvida, para evitar o reaparecimento ou agravamento da celulite, é sempre aconselhável manter uma dieta alimentar equilibrada e exercícios físicos.

Tratamentos para reorganizar a aparência do tecido com celulite

▸ **Endermologia** – um aparelho provoca a aspiração e a mobilização da derme, favorecendo a vascularização do tecido conjuntivo e a tonificação das fibras elásticas. Indicado para qualquer grau de celulite. Aplique este tratamento com profissionais especializados.

▸ **Massagem modeladora** – realizada com cremes e emulsões específicas à base de centelha asiática, algas, hera e elementos fitoterápicos. Trabalha a massa muscular, melhorando a circulação e a adiposidade localizada.

▸ **Drenagem linfática manual** – trata-se de massagem específica aplicada por profissionais formados para tal exercício (fisioterapeutas ou esteticistas). Sua finalidade é melhorar as funções do sistema linfático. São manobras suaves, precisas e ritmadas que respeitam o percurso linfático.

▸ **Pressoterapia** – botas infláveis provocam compressões e descompressões ritmadas, acompanhando a circulação linfática. Melhora a sensação de peso e cansaço nas pernas e também a circulação sanguínea nos membros inferiores.

▸ *Aroma-pressing* **linfático** – são suaves pressões que acompanham o trajeto da linfa nas pernas, nádegas e tronco. Realizadas com óleos e aromas essenciais (flor de laranjeira, cítricos, tomilho), potencializam o retorno circulatório linfático.

▸ *Acupressing* **linfático** – pressões feitas com as mãos sobre pontos de acupuntura (*do-in*, *shiatsu*), próximas do trajeto da linfa, provocam uma melhoria não só local, mas em todo o organismo.

▸ **Ultra-som** – são aparelhos médicos, aplicados com potência reduzida para uso estético. Seu uso deve ser feito por pessoas qualificadas e treinadas. Esse tratamento promove uma sensível melhora nas áreas com gordura localizada e na redução da celulite.

▸ **Gesso liporredutor** – é um enfaixamento específico que modela o corpo. São adicionados produtos com ação filtrante (diminuição de líquidos) e redutora.

▸ **Aparelhagem eletroterápica** – o uso de diferentes correntes elétricas melhora sensivelmente o tônus muscular e firma os contornos do corpo. A corrente farádica e a corrente russa são as mais utilizadas para o fortalecimento muscular.

▸ **Intradermoterapia** – é o resultado da aplicação de injeções com substâncias lipolíticas (enzimas) que combatem e reduzem gorduras e curvas imperfeitas. Essas aplicações podem ser realizadas também por meio de corrente galvânica.

▸ **Mesoterapia** – microdoses de substâncias lipolíticas, que são injetadas tradicionalmente com agulha ou com aparelho específico. O objetivo é regularizar a aparência dos tecidos.

▸ **Hidrolipoaspiração** – método utilizado para a retirada de gordura localizada em associação com outras duas técnicas – a hidrolipoaspiração ultra-sônica e a microlipoaspiração. Após a anestesia local, injeta-se soro na região a ser tratada. O ultra-som intensifica a quebra das células de gordura. Assim, tornam-se menos densas e mais líquidas. Dessa foma, a gordura é aspirada por cânulas finas, acopladas a seringas. Não terá pontos, nem cicatrizes.

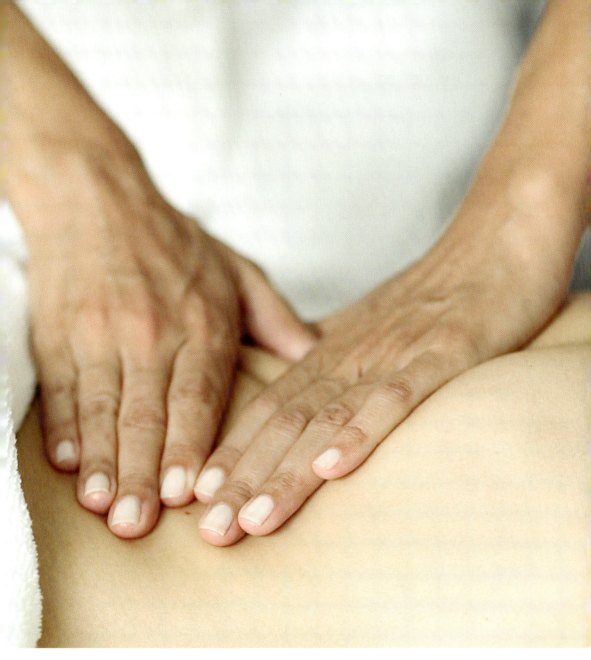

▸ **Medicina estética** – a al-carnitina é uma substância que diminui a gordura localizada, estimulando ao mesmo tempo as fibras musculares. São injeções locais, aplicadas por médicos. Não causam marcas nem dores. Se o tratamento for associado a exercícios físicos, os resultados são ainda melhores. Embora não seja o mais indicado, pode-se recorrer à eletroestimulação com corrente farádica porque esta produz um trabalho muscular passivo. O número de sessões varia de paciente para paciente, e os resultados já aparecem nas cinco primeiras sessões.

▸ **Lipoplastia** – é uma técnica mais suave de lipoaspiração. Feita somente com anestesia local, é indicada para áreas pequenas com a retirada de pequena quantidade de gordura.

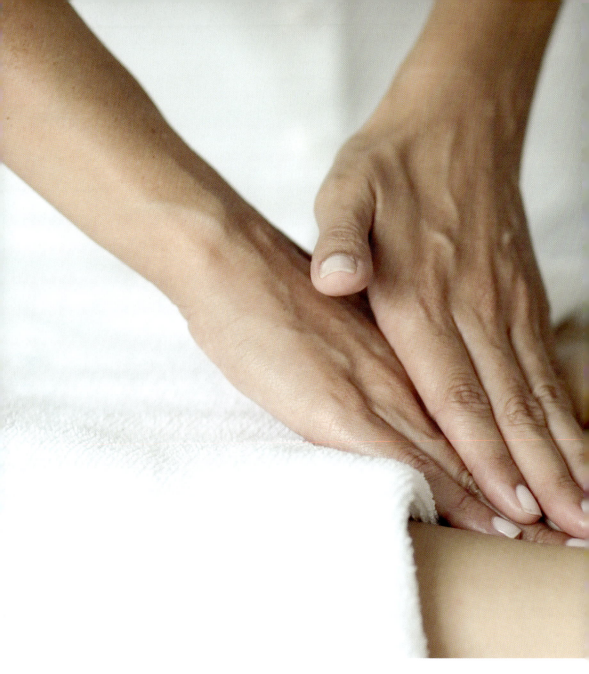

Massagem

A massagem tem efeitos terapêuticos e estéticos surpreendentes, além de trazer uma grande sensação de bem-estar em quem a recebe. Essa prática milenar é a base da medicina tradicional no Oriente. É muito valorizada e aplicada no mundo ocidental também.

As técnicas de massagem são diversificadas, embora todas elas derivem das massagens asiáticas. No Oriente, são muito populares e praticadas nos Centros de Massagem, clínicas de bem-estar, salões de beleza, hotéis, *spas* urbanos e em diversos outros locais. Têm poderosos efeitos relaxantes,

desintoxicantes e tonificantes. Não requerem lugares suntuosos ou especiais para serem aplicadas. Podem ser praticadas em qualquer lugar (no chão, em uma cama ou maca portátil) e algumas delas podem ser realizadas em forma de automassagem.

A massagem também deve ser praticada com um ritual especial, um momento privilegiado, em um ambiente calmo e sereno, onde aromas e luzes suaves farão parte do cenário (incenso ou velas aromatizadas).

Quem recebe a massagem deve ter total confiança no profissional que a aplica e manter uma postura totalmente passiva. Permaneça durante a massagem com os olhos fechados, seguindo mentalmente o percurso da respiração – nariz, pulmões, diafragma, expiração. Quando sentir os primeiros movimentos no seu corpo, expire e inspire diversas vezes até sentir um desligamento total, deixando o massagista realizar os movimentos em um corpo relaxado para que você possa obter os melhores resultados.

Tipos de massagem

Existem vários tipos de massagem que proporcionam bem-estar, reequilíbrio energético e provocam harmonia entre o corpo e a mente. As mais conhecidas são:

- **Aiurvédica** – técnica de massagem indiana que usa suaves deslizamentos das mãos sobre o corpo com a ajuda de óleos. Reequilibra e harmoniza o corpo e a mente pelo desbloqueio dos canais energéticos.

- ***Do-in*** – de origem chinesa, harmoniza a circulação energética. Pode ser aplicada pela própria pessoa na forma de automassagem.

- ***Shiatsu*** – os movimentos feitos pressionam fortemente pontos muito precisos nos meridianos do corpo, para liberar o fluxo energético. Além de combater o estresse, é recomendada para melhorar a circulação sangüínea e a estrutura óssea.

- ***Tui-na*** – técnica chinesa que trabalha com os caminhos da energia no corpo. A massagem é realizada nos pontos que representam cada órgão. Combate o estresse.

- **Auriculoterapia** – na medicina oriental, as orelhas são consideradas o símbolo da sabedoria e o centro da saúde. Os chineses acreditam que pessoas cujas orelhas são harmoniosas possuem também uma personalidade harmoniosa. A técnica da acupuntura, pelo uso de agulhas, pressão e estimulação de certos pontos nas orelhas que correspondem a órgãos do corpo, tem efeitos terapêuticos, elimina ou diminui dores e melhora a sensação de cansaço.

- **Reflexologia** – a massagem e a pressão de pontos situados nos pés, e alguns nas mãos, mantêm o nível de energia equilibrado. Melhora o estresse, alguns problemas dermatológicos, dores de cabeça e retenção hídrica.

- **Automassagem** – massagem aplicada pela própria pessoa. Relaxante, deveria ser um hábito de todos.

- ***Svedana*** – movimentos circulares e deslizamentos realizados com trouxinhas de algodão, recheadas de ervas e embebidas em água morna com óleos essenciais. Promove um relaxamento profundo em todo o corpo.

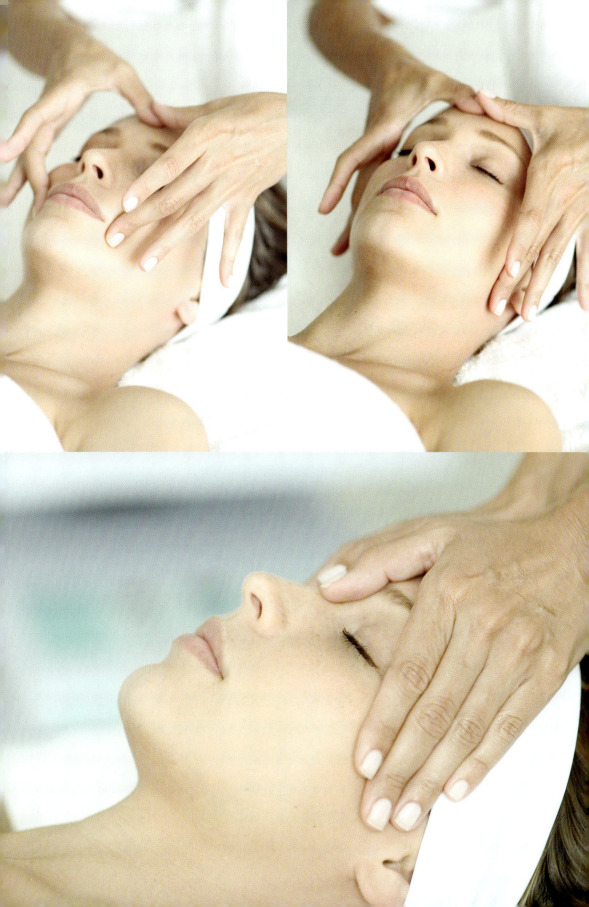

Beleza | Corpo

Exercícios de automassagem

Com bucha ou escova de cerdas macias, comece a automassagem com uma fricção vigorosa, para "acordar" o seu corpo.

01 Pés – sentada, gire os dedos dos pés e massageie-os individualmente. Em seguida, faça a rotação dos tornozelos.

02 Pernas – pressione tornozelo e coxas com movimentos circulares.

03 Joelhos – movimente e massageie a área em volta dos joelhos para tentar desfazer os excessos de gordura existentes. Depois, acaricie suavemente os joelhos em movimentos circulares.

04 Região lombar – não é fácil atingi-la, mas é uma área que retém cansaço e é sujeita a dores. Friccione a região para cima e para baixo repetidas vezes.

05 Nuca – segure com a mão direita a nuca e massageie todo o lado direito, centímetro por centímetro, para desfazer os pontos de tensão. Com a mão esquerda, repita a ação no lado esquerdo da nuca. Depois, com movimentos circulares pressione os músculos que vão do pescoço aos ombros.

06 Cabeça – com os dedos de ambas as mãos faça círculos que desloquem o couro cabeludo. Pegue mechas espessas de cabelo e puxe com rapidez e vigor durante alguns segundos.

07 Rosto – os músculos do rosto freqüentemente apresentam marcas de tensão. A prática regular de automassagem pode ter grande valia para combatê-las. Antes de começar a se automassagear, faça uma limpeza de pele com leite de limpeza e um tônico. Em seguida, prepare um banho de vapor com água fervente, algumas gotas de sálvia, camomila ou lavanda, em um recipiente que será coberto por uma toalha. Coloque o rosto nesta "cabana" e sinta o vapor em sua face. Permaneça neste banho facial de vapor durante 10 minutos, como se estivesse fazendo uma inalação. Enxugue perfeitamente o rosto e tonifique. Corte fatias de pepino cru e as passe em toda a sua face. Em seguida, enxugue com um lenço de papel e faça uma massagem enérgica com movimentos circulares da ponta dos dedos, indo da testa para as têmporas, em direção ao nariz e depois, em movimento ascendente, do queixo para as laterais do rosto, em direção às têmporas. "Pince" em volta da boca, fazendo círculos e pressões durante 10 minutos. Termine com um acariciamento lento e suave em todo o rosto, com movimentos de baixo para cima durante 5 minutos. Prepare compressas de algodão com água boricada ou chá de camomila e as coloque sobre os olhos durante 10 minutos. Para um melhor resultado, utilize uma máscara facial embelezadora, tonificante, revitalizante ou descongestionante, cosmética ou mesmo de frutas, como abacate, pêssego ou morangos. Depois da aplicação da máscara, enxágüe bem seu rosto e evite o sol direto em sua face. O melhor é fazer esse tratamento à noite, antes de dormir ou em um período de repouso.

08 Abdômen – faça com as mãos círculos largos em volta do umbigo, ampliando-os a cada volta.

09 Diafragma – a partir da base das costelas siga com as mãos em direção ao esterno. Pressionando com as pontas dos dedos, suba pelo esterno até o colo. Aperte essa área durante 2 a 3 minutos.

10 Tórax – pegue com uma mão após a outra o músculo peitoral desde as axilas até o seio. Repita 3 vezes o movimento.

11 Costas – devem ser friccionadas com uma toalha ou uma bucha comprida, em especial os pontos que apresentam tensão. Deitada no chão, com os braços esticados à frente, role o corpo de um lado para outro.

12 **Pés** – é comum haver ressecamento da pele nos pés, acúmulo de pele – os conhecidos, e por vezes dolorosos, calos – e unhas encravadas. Os pés merecem mais atenção e tratamentos para solucionar esses problemas, deixando-os mais belos e aumentando a sensação de bem-estar.

Na planta dos pés encontram-se pontos que a medicina oriental acredita corresponder a nossos órgãos vitais. Massageando ou pressionando esses pontos, podemos ajudar a restaurar o equilíbrio energético e físico.

> ▸ *Faça uma esfoliação em seus pés duas vezes por semana. Após o banho, massageie-os com um creme especial indicado para refrescar e provocar uma sensação de leveza.*
>
> ▸ *Seque perfeitamente a área entre os dedos e coloque talco, cremes ou gel desodorante, para neutralizar a transpiração.*

13 **Pernas** – o ideal é mantê-las com a pele macia e músculos firmes. Quando houver a sensação de peso nas pernas, dê-lhes atenção especial. Para obter alívio, trate-as da seguinte forma:

▸ Massageie-as logo após o banho com um creme específico à base de óleo de limão, tomilho, cipreste, algas, centelha asiática, mentol, calêndula, castanha-da-índia ou cânfora.

▸ Procure não cruzar as pernas se tiver uma circulação sangüínea comprometida.

▸ Evite banhos muito quentes.

- Os exercícios físicos são o primeiro recurso para conservar a boa aparência das pernas. Os melhores são natação, bicicleta, caminhada, jogging, alongamento, Yoga.
- Cuidado com o excesso de peso. Ele torna a linha da perna pesada.
- Fique de olho na retenção de água que provoca inchaço nos pés e aumenta o seu volume. O excesso de sal na comida pode provocar maior retenção de líquidos.

Beleza | Corpo

Varizes

Além de serem absolutamente antiestéticas, as varizes e microvarizes incomodam também pelo desconforto que provocam. Em geral, se devem a distúrbios hormonais e à postura no trabalho (de pé ou sentada por muitas horas seguidas). Deverão ser tratadas por especialistas.

- **Microvarizes** – pequenas veias que serão tratadas por especialistas com *laser* ou pelo método tradicional de escleroterapia (injetam-se produtos que impedem a veia de aparecer na superfície da pele e eliminam as microvarizes).

- **"Vasinhos"** – poderão ser aplicadas microinjeções à base de glicose, que terão como objetivo secar os pequenos vasos. O *laser* é bastante utilizado e também recomendado para estes casos.

- **Microcirurgia** – as microvarizes são retiradas com pequenos ganchos por meio de uma incisão minúscula e com anestesia local. Dependendo da quantidade de varizes que serão extirpadas, o procedimento poderá ser realizado no consultório ou no hospital com anestesia peridural.

- **Cirurgia tradicional** – para varizes. É realizada no hospital com uma internação de 24 horas e um repouso de 10 a 15 dias, conforme o caso e orientação médica.

Mantenha as pernas bronzeadas. Complete o banho de sol que não deverá ser muito prolongado com um auto-bronzeante para "maquiar" levemente as pernas e disfarçar alguma irregularidade (vasinhos, manchas, picadas de inseto, discromia).

Depilação

Os serviços de depilação tiveram um grande progresso nos últimos anos. Temos hoje diversos processos que deixam os membros inferiores com aparência lisa, acetinada e impecável.

- **Cera de mel** – a mais tradicional de todas as formas de depilação. Para aplicá-la, no entanto, é necessária uma certa habilidade. O maior inconveniente é a sensação pegajosa após a depilação. Remova os excessos com álcool e água morna.

- **Cera de abelha e silicone** – são ceras de fácil aplicação, deixando a pele macia.

- **Laser** – é a maneira definitiva de eliminar os pêlos; para isso, consulte o dermatologista ou um especialista no assunto.

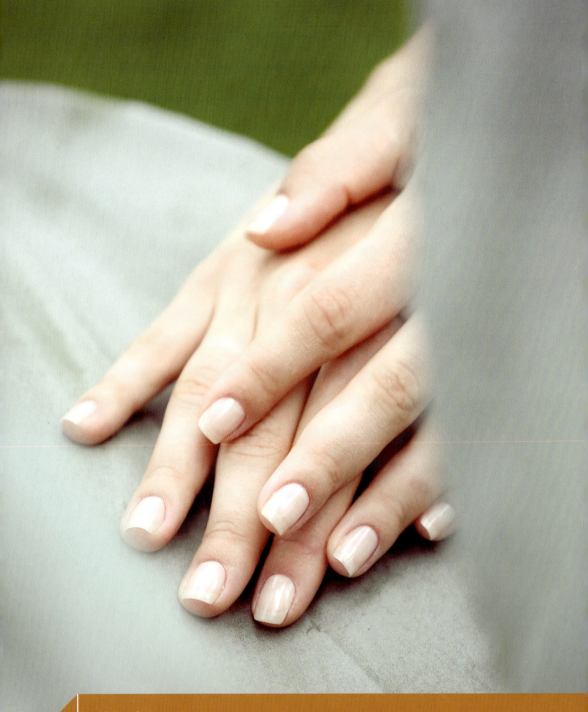

Unhas fracas

- Não faça polimento para não agredi-las ainda mais.
- Use cremes e bases específicas à base de formol e casco de cavalo para fortalecê-las.
- Banhos de óleo morno uma vez por semana durante 15 minutos.
- Unhas soltas, quebradiças, estriadas – recorrer ao dermatologista.

Beleza | Corpo

Beleza das mãos

As mãos são também um ponto alto na aparência feminina. Podem chamar a atenção pela beleza ou demonstrar a falta de cuidado que recebem. São absolutamente reveladoras.

Como o resto do nosso corpo, elas envelhecem e demonstram a passagem do tempo ou a falta de cuidados. São muito expostas ao Sol, ao vento, lavadas "n" vezes ao dia e, freqüentemente, não são devidamente enxaguadas e secas, sofrendo assim constantes agressões.

Saber usar as mãos é uma arte. Elas podem mover-se harmoniosamente, cheias de graça e leveza, como asas de pássaro, ou ser rígidas, pesadas, trêmulas, denunciando preocupação e tensões.

Serenando a mente, reencontramos a harmonia interior, tomando consciência de seus gestos. Eles podem ser amplos, porém harmoniosos, em unidade com a personalidade.

Unhas

Como a pele e os cabelos, as unhas necessitam de cuidados, de uma alimentação saudável e equilibrada. Foi observado que o abuso de substâncias agressivas (acetona, detergentes, produtos químicos e o uso contínuo de certos esmaltes cintilantes) é mais nocivo para a beleza e a saúde das unhas do que uma alimentação desregrada. Assim, a regra número um é observar o que agride a qualidade de suas unhas, que devem ser cortadas e lixadas de forma a se harmonizar com os dedos e as mãos. A escolha do esmalte se fará pelo seu gosto, deixando na ponta dos dedos a assinatura da beleza de sua mão.

▸ **Formato** – redondas, curtas, longas, ovaladas, quadradas, elas combinam com a dimensão dos dedos, da mão e da personalidade.

- As ovaladas e arrendondadas combinam com qualquer tipo de mão.

- As unhas muito compridas com esmalte vermelho devem ser impecáveis, sem lascas, nem defeitos.

- Para as apressadas e para quem usa muito as mãos no trabalho ou nas tarefas domésticas, a melhor solução é mantê-las mais curtas e com uma camada de esmalte incolor.

▸ **Unhas postiças** – o mercado das unhas artificiais é imenso. Seu uso começou no mundo do cinema nos Estados Unidos e hoje a China, em especial, produz uma grande variedade de unhas artificiais com aparência absolutamente natural, de fácil aplicação e de boa durabilidade.

Seu uso é interessante para quem deseja deixar de roer as unhas – a unha cresce por baixo da unha artificial e pode-se assim perder o hábito de colocar o dedo na boca.

Beleza | Corpo

Problemas nas mãos

▸ **Manchas** – manchas senis ou queratose senil são pequenas lesões causadas por exposições repetidas ao Sol. Use sempre um creme para as mãos com filtro solar e recorra ao dermatologista para um procedimento mais rigoroso, como *peeling* ou *laser*, para atenuá-las. Um creme à base de hidroquinona 2,5% poderá também completar o tratamento clareador.

As peles claras ou de quem abusa do Sol serão mais propensas a apresentar manchas.

▸ **Verrugas** – aparecem e desaparecem da mesma maneira, mas às vezes se multiplicam. O dermatologista será sempre a melhor opção para solucionar este problema.

▸ **Deformidade nas juntas** – causadas por algum tipo de artrite. Além do tratamento medicinal e fisioterapêutico, o calor da parafina e o uso de massagem melhoram o aspecto e diminuem a sensação de dor.

▸ **Veias salientes** – a pele do dorso da mão afina com o tempo pela perda da espessura da derme e a mudança do tônus vascular. Por esta razão as veias ficam mais visíveis.

Tratamentos com aplicação de *laser* têm dado bons resultados, tanto no rejuvenescimento da pele como na aparência das veias.

Os cuidados das mãos devem começar cedo. Não espere que elas fiquem completamente pigmentadas para recorrer a tratamentos.

- Cuide das mãos como cuida do seu rosto, isto quer dizer, sempre.

- Use luvas de borracha para trabalhos domésticos.

- Passe creme a cada vez (ou o maior número de vezes possível) que lavar as mãos, após secá-las perfeitamente.

- Use cremes com filtro solar para evitar o aparecimento de manchas.

- Faça um tratamento completo embelezador de mãos, com esfoliação, aplicação de substâncias regeneradoras (retinol, vitaminas A e E), parafina e máscara de ceramidas, no salão de beleza ou em casa, uma vez por semana, para prevenir o envelhecimento.

Beleza | Corpo

O que pode e o que não pode ser modificado

O nosso aspecto físico depende principalmente do nosso tipo morfológico. Identifique o seu tipo, aceite-o e encontre os meios adequados para conservá-lo e torná-lo harmonioso e belo, porque há uma Beleza intrínseca que deve ser descoberta.

Mesmo com toda a tecnologia da medicina moderna e a aplicação dos tratamentos estéticos, você não poderá modificar completamente seu aspecto físico.

Músculos tonificados e vigorosos dão ao corpo contornos mais delineados e facilitam qualquer tipo de movimento. A fragilidade muscular provoca sérias repercussões sobre as articulações. A combinação de movimentos de contração e extensão fortifica a musculatura. Os exercícios devem ser praticados com regularidade, fazendo trabalhar os diferentes grupos de músculos.

Os três tipos físicos

Podemos definir os tipos físicos em função de suas características, apesar de que raramente existe um indivíduo que possa se enquadrar totalmente dentro de uma única categoria.

- **Ectomorfo** – magro, pouco músculo, pouca gordura, membros longos, articulações finas, pode comer muito e não engorda.

- **Mesomorfo** – ombros largos, músculos desenvolvidos, constituição forte, facilidade para praticar muitos exercícios físicos.

- **Endomorfo** – pernas e braços mais curtos, quadris largos, massa gordurosa importante. Tendência a engordar mais facilmente.

O importante é traçar um plano de ação

Onde devemos nos exercitar? Em casa? Na academia? Isso tanto faz. O importante é iniciar a atividade física e praticá-la com regularidade. Já sabemos que a simples substituição do elevador pela escada, diariamente, traz grandes benefícios, assim como dar voltas a pé no quarteirão, trocar o carro por uma caminhada, se a distância for curta. Tenha sempre em mente que para uma condição física adequada são necessários no mínimo 30 minutos diários de exercícios físicos, que podem ser divididos em três períodos de 10 minutos cada. Perceba suas necessidades, estabeleça seus objetivos e respeite seus limites.

O melhor horário para a prática de exercícios físicos ainda é pela manhã. Porém, qualquer hora que você reserve para esse fim será adequada.

Algumas academias permanecem abertas 24 horas.

Proponha-se a realizar os exercícios físicos com regularidade. Seja disciplinada. Quando bater a preguiça, lembre-se dos benefícios que a prática regular de exercícios muito em breve lhe trará. Em pouco tempo você irá incorporar a prática de exercitar-se e passará até a sentir falta dela. Acredite nisso, pois é a mais pura expressão da verdade.

Conclusão: mais saúde = mais beleza

Dez boas razões para praticar exercícios:

01 **Reduz o estresse** – ao fazer exercícios, o organismo produz endorfinas – o hormônio do prazer. O resultado é o combate à ansiedade e a significativa melhora tanto da silhueta quanto da expressão facial.

02 **Tem ação tonificante** – coração e pulmões treinados aumentam a resistência e a capacidade para gerir os problemas do cotidiano.

03 **Aumenta a energia** – a prática regular de exercícios físicos comprovadamente melhora a circulação sangüínea, favorece a veiculação dos nutrientes no organismo e embeleza a pele em geral.

04 **Afina a silhueta** – tonifica e enrijece a musculatura. Diminui o excesso de gordura e tonifica os tecidos.

05 **Melhora geral da aparência** – provoca melhora na textura da pele e dos cabelos.

06 **Fortifica o sistema imunológico em geral** – aumenta a resistência do organismo.

07 **Elimina a indisposição** – combate os mais diversos tipos de mal-estar.

08 **Melhora o sono** – dorme-se melhor quando se pratica exercícios, especialmente quando feitos ao ar livre.

09 **Alivia a TPM** – traz alívio aos sintomas da tensão pré-menstrual.

10 **Melhora a saúde geral** – a atividade física aeróbica, moderada, praticada regularmente, é reconhecida pelos benefícios na prevenção da artrose e de osteoporose, de acidente vascular cerebral, de problemas de articulação e de circulação.

Exercícios

O que escolher

- **Aeróbica** – para perder peso e fortalecer o coração, esse tipo de atividade é o ideal.

- **Alongamento** – para manter a flexibilidade e graça dos movimentos, o alongamento muscular é uma ótima pedida. Deve ser feito com acompanhamento profissional.

- **Caminhada** – ótima para melhorar a circulação, tonificar os músculos, sem ser agressiva. Quanto mais acelerada for, maior a perda de calorias. Deve ser praticada regularmente, de preferência ao ar livre.

- **Dança** – melhora a forma física e contribui para o bem-estar total. Os movimentos rápidos ritmados ativam a circulação e a queima de calorias.

- **Hidroginástica** – ideal para melhorar a tonicidade muscular. Dentro d'água, o corpo pesa 10% menos do que fora dela e os exercícios são 10% mais eficazes do que a prática tradicional. Por esta razão, os resultados obtidos são mais eficientes e rápidos se realizados dentro da piscina.

- *Jogging* – tem por finalidade manter a forma, tonificar e estimular a circulação sangüínea. Não é recomendado para quem apresenta problemas com as articulações nos joelhos ou nos tornozelos.

- **Musculação** – para esculpir e ganhar músculos mais definidos.

- **Natação** – uma das práticas físicas mais completas para melhorar a circulação, desenvolver a musculatura e melhorar a respiração.

- **Tai-chi-chuan** – arte marcial chinesa, baseada em movimentos suaves e harmoniosos, trabalha a respiração e o equilíbrio geral do organismo. Excelente para combater o estresse.

- **Yoga** – disciplina muito antiga, originária da Índia, difundida e reconhecida no mundo todo pelos efeitos equilibrantes e harmonizadores do organismo. Assim como na meditação, a compreensão dos bons efeitos da Yoga encontra-se unicamente na sua prática.

A primeira atividade ensinada nos centros e escolas de Yoga são os diferentes modos de respiração, que servem para "limpar" e equilibrar o sistema nervoso, assim como para dar consciência ao mecanismo respiratório. Pouco importa o que se procura na Yoga – progresso espiritual ou melhora da forma física.

Os exercícios de Yoga produzem energia e equilíbrio, permitindo desenvolver o ser humano como um todo e tornando-o livre e centrado.

Beleza
Maquiagem

As mulheres sabem q
precisam, antes de tu
aceitar-se como são. Is
não possam se tornar mais bela
imperfeições em seu rosto e real

Beleza | Maquiagem

para serem amadas
, amar-se muito e
não significa, entretanto, que
ais atraentes, corrigir
o que já têm de bonito.

O uso de tinturas no corpo ou no rosto para realçá-los, com fins religiosos ou guerreiros, é um ritual milenar e presente nas diferentes sociedades e organizações sociais. Os índios brasileiros, por exemplo, usam vegetais, como a semente de urucum, para pintar o corpo e preparar-se para a guerra ou para seus ritos religiosos. No Egito Antigo, uma civilização bastante complexa, a pintura era muito usada como forma de valorização dos traços.

Ao longo da história, o uso da maquiagem foi se adequando às diferentes épocas, mas sempre teve o mesmo objetivo: aumentar o poder de sedução.

No mundo moderno, a maquiagem tornou-se um hábito, um acessório que serve como complemento necessário à vestimenta. É difícil encontrarmos uma mulher que não use batom nos lábios ou algum tipo de pó que atenua brilhos e imperfeições.

Você já deve ter passado por situações nas quais pergunta a uma amiga ou a uma colega: "Você tem um batom?" Garanto que nem passou pela sua cabeça que ela pudesse não tê-lo.

Objetivos da maquiagem: valorizar e disfarçar

A maquiagem não deve ser concebida como camuflagem ou máscara. Ao contrário, deve valorizar o que você tem de bonito e, eventualmente, disfarçar algumas imperfeições. Ela deve ser o conjunto harmonioso de cores e sombras determinadas após a observação do seu rosto, de diversos ângulos, e deve partir dos próprios tons naturais da pele, olhos e boca.

Beleza | Maquiagem

A arte da maquiagem deve ser incorporada à sua vida, podendo ser usada no dia-a-dia para iluminar o rosto, sem, no entanto, modificar totalmente os traços. Para conseguir o melhor efeito, escreva em uma ficha de auto-observação o que você percebe ao olhar-se no espelho. Seja absolutamente verdadeira, pois essa ficha é o primeiro passo para torná-la mais bonita. Anote os seguintes itens:

- **Quantos anos você efetivamente aparenta?**

- **Características de sua personalidade** – expansiva, tímida, ativa, calma, nervosa, sorridente, reservada, exuberante, brincalhona, entre outras.

- **Formato do rosto** – oval, redondo, quadrado, retangular, diamante, triangular pontudo em cima, triangular pontudo embaixo.

- **Tipo de testa** – alta, baixa, estreita, larga, achatada.

- **Tipo de pele** – seca, desidratada, oleosa, com rugas, marcas, depressões, inchaços, espinhas.

- **Cor do cabelo** – loiro, castanho, negro, ruivo, grisalho.

- **Sobrancelhas** – espessas, finas, longas, curtas, retas, arcadas, ascendentes, descendentes, aproximadas, separadas.

- **Têmporas** – cavadas, retas.

- **Olhos** – pequenos, grandes, redondos, estirados, separados, aproximados, afundados.

- **Canto externo dos olhos** – caído, ascendente, reto.

- **Cor dos olhos** – azuis, castanhos, verdes, *pers* (entre o verde e o azul), *vairron* (cores de olhos diferentes).

- **Nariz** – longo, curto, espesso, fino, reto, com desvio, narinas abertas, arredondado, arrebitado.

- **Maçãs do rosto** – altas, baixas, achatadas, espaçadas, aproximadas.

- **Espaço do nariz ao lábio superior** – curto, longo. A medida deve ser metade do espaço compreendido entre o lábio inferior e o queixo.

- **Lábios** – grandes, pequenos, espessos, finos, carnudos, extremidades caídas ou retas.

- **Bochechas** – achatadas, redondas, com reentrâncias.

- **Queixo** – pequeno, redondo, pontudo, quadrado, curto e longo.

- **Maxilares** – estreitos, largos, normais.

- **Pescoço** – longo, curto, espesso, fino, largo, marcado pelas rugas, pele fina ou granulosa, tonicidade da pele.

- **Pele** – clara, rosada, pálida, nacarada, colorida, escura, terrosa, amarelada, esbranquiçada.

- **Particularidades** – cicatrizes, *couperose* (pequenos vasos sangüíneos aparentes), rugas, verrugas, manchas, "bolsas" abaixo dos olhos, bochechas flácidas, papada.

A maquiagem deve revelar, exaltar e embelezar. A maquiagem ideal é aquela que dá vida às expressões, luminosidade ao rosto, de forma sutil, sem mascará-lo.

Beleza | Maquiagem

Luz e cor

A maquiagem diurna deve parecer natural à luz brilhante e forte do dia.

Aplique a maquiagem em um local onde a luz do dia brilhe sobre o rosto, pois esta é a luz que vai refletir diretamente sobre você.

A luz fluorescente é fria. Evite os pretos e marrons fortes, pois empalidecem. Velas projetam uma luz bastante quente, que normalmente favorece as pessoas, mas também pode projetar sombras, que lhe darão uma aparência cansada. A luz artificial requer uma abordagem diferente, influenciando nas cores escolhidas. A iluminação correta será, portanto, muito importante para uma boa realização da maquiagem. Tente aplicar a maquiagem com a iluminação na qual ela será usada. Quando o foco está em cima do rosto ou quando bate somente de um lado, podem aparecer sombras rígidas, alterando cores, relevos e profundidades.

A luz amarela, a mais comum de ser encontrada, absorve e suaviza as cores.

Passos da maquiagem

Para o ritual da maquiagem, preste atenção aos itens a seguir.

Proporções

Raramente os traços do rosto são simétricos. A mais atraente Beleza resulta do somatório de certas imperfeições, "harmoniosamente" camufladas ou mesmo reveladas.

Sobrancelhas

A proporção das sobrancelhas tem um papel relevante no equilíbrio e na estética do rosto. Por esta razão, a sua modelagem requer cuidado.

Formato ideal de sobrancelha

▸ As duas extremidades da sobrancelha devem estar em uma mesma linha horizontal.

▸ **Modelagem e depilação** – o ideal é uma sobrancelha com curva harmoniosa, começando pelo canto interno do olho e terminando na diagonal que passa do canto externo do olho à lateral da narina.

▸ Escove a sobrancelha para cima, esticando os pêlos com uma escova apropriada, inclinando-os no sentido natural. Levante a sobrancelha, apoiando o dedo polegar na maçã do rosto, esticando a pele acima da sobrancelha com o dedo indicador. Com a pinça retire o excesso de pêlos fora de sua linha natural. Uma correção radical muito mais fina ou remodeladora será feita se houver real necessidade. Você deve estar ciente de que apesar de crescer novamente, a sobrancelha pode apresentar falhas no seu desenho, se retirar os pêlos exageradamente; algumas vezes eles podem não renascer.

▸ Para tornar as sobrancelhas mais harmoniosas, podemos usar alguns truques de maquiagem, conforme seu desenho.

Beleza | Maquiagem

Maquiagem corretiva das sobrancelhas

▸ **Afastadas** – o afastamento exagerado entre uma sobrancelha e outra é diminuído desenhando-se tracinhos com sombra marrom e pincel de delineador, que estreitam esse afastamento, imitando a implantação natural.

▸ **Indisciplinadas** – corte os pêlos rebeldes com a ajuda de uma tesoura pequena. Aplique um rímel incolor na sobrancelha e ajeite os pêlos de maneira ordenada.

▸ Algumas mulheres podem apresentar falhas nas sobrancelhas por mudanças hormonais ou pêlos que crescem mais que os outros. Nesse caso, pode-se desenhar leves traços no sentido dos pêlos ou recorrer à micropigmentação.

Complementação com outros recursos

Nem todas as sobrancelhas podem ser modeladas perfeitamente sem a ajuda de outras técnicas como:

▸ **Clareamento** – para a integração visual, as sobrancelhas devem estar sempre com a cor próxima à dos cabelos. É comum observar loiras com sobrancelhas pretas. Para melhorar o aspecto, basta "quebrar" o excesso de preto, deixando o visual mais suave.

▸ **Mudança de cor** – para as mulheres com cabelos coloridos, ruivos ou castanhos, o ideal é que a sobrancelha seja tingida simultaneamente com os cabelos.

▸ **Micropigmentação** – é um método de complementação de falhas ou mudanças sutis de formato. Por ser um sistema superficial e quase indolor está cada vez conquistando mais adeptos.

Essa técnica exige grande habilidade profissional. Consiste na aplicação de corantes vegetais sobre a pele com o auxílio de ponteiras descartáveis.

151

Beleza | Maquiagem

Material para a maquiagem

Uma boa maquiagem começa pelo conjunto de itens específicos para aplicá-la. Mantenha o seu em um estojo próprio ou em uma *nécessaire*. Tenha sempre em sua bolsa um pequeno estojo com batom, máscara para cílios, lápis, pó para retocar a maquiagem durante o dia, ou mesmo à noite.

Material para maquiagem do rosto
base – pó – corretivo – blush – jogo completo de pincéis – escovas – algodão – cotonetes – lenços de papel – emulsões hidratantes – batom – gloss.

Material para maquiagem dos olhos
base – corretivo – lápis – sombras – máscara para cílios – delineador – produtos hidratantes e sérum específicos para a área – colírio – tesourinha – cílios postiços.

Pele

▸ **Bases líquidas** – os laboratórios cosméticos oferecem hoje uma variedade de bases para maquiagem especialmente elaboradas para embelezar e melhorar o aspecto da pele. Compostos de substâncias umectantes, cremosas ou adstringentes, esses produtos cuidam da pele, além de maquiá-la.
Seus pigmentos são leves e muito próximos da transparência.

A escolha adequada da base para seu tipo de pele é decisiva para uma maquiagem perfeita.

Além de corrigir algumas imperfeições, as bases protegem dos raios solares e dos agentes externos que aceleram o processo natural de envelhecimento cutâneo.

A base deverá se aproximar ao máximo da tonalidade da sua pele, fundir-se, não sendo nem mais clara nem mais escura que o tom natural, de forma que, após aplicada, fique invisível.

▸ **Cremes *teintées*** – são cremes hidratantes ou nutrientes, levemente pigmentados, que substituem a base. Excelentes para peles maduras e/ou desidratadas.

▸ ***Pan sticks*** – apresentam textura mais espessa. Ideais para maquiagem de longa duração.

▸ **Bases compactas** – de textura bastante espessa, dissimulam perfeitamente as imperfeições. São recomendadas para fotografias, desfiles ou programas de longa duração em peles jovens.

▸ **Pó compacto** – meio pó, meio base compacta. De fácil uso para retoques em viagens. Perfeito para unificar e aperfeiçoar a maquiagem. Porém, deve ser evitado quando a pele for seca.

▸ **Maquiagem seca para teatro** – utilizada em ocasiões especiais, como desfiles, apresentações teatrais, sessão de fotos ou outras circunstâncias especiais. Uso profissional.

- Produtos em gel são muito leves e transparentes por serem levemente adstringentes são ideais para realçar uma pele bronzeada e jovem.

- Produtos em forma de fluídos são fáceis e agradáveis de espalhar.

Quanto mais finos e fluidos, mais natural será o resultado. Existem algumas bases com substâncias anti-sépticas e antiinflamatórias para peles com problemas de acne ou grande oleosidade.

- Para as peles excessivamente oleosas, evite a luminosidade dos brilhos e cintilantes, pois existem bases especiais, líquidas, equilibrantes e com textura fosca.

- Para peles desidratadas e ressecadas, escolha ao contrário da pele oleosa, elementos nutrientes e hidratantes.

Aplicação da base e corretivos

Antes de proceder à nova maquiagem, retire a maquiagem antiga, mesmo a residual e tonifique sua pele. Essas ações devem ser feitas com produtos de acordo com o seu tipo de pele: seca, normal ou oleosa.

Em seguida, observe-se bem em frente ao espelho. Todas nós temos marcas, depressões, volumes, olheiras no rosto. Procure identificar as suas imperfeições para poder corrigi-las. Para isso use:

- Corretivo bege muito claro para olheiras e depressões.
- Corretivo rosado para os olhos muito fundos.
- Corretivo verde claro para cútis avermelhada.
- Corretivo bege, cor de base, nas marcas, cicatrizes e manchas.

Em seguida, espalhe a base em todo o rosto com a ponta dos seus dedos. Passe uma esponja levemente umedecida na face para deixá-la totalmente uniforme e translúcida.

A escolha da cor da base é fundamental para que ela fique harmoniosa com o seu tom de pele e tipo físico. Para isso, veja em qual categoria você se encaixa.

- **Pele pálida** – bege claro
- **Pele bege** – bege dourado para realçar
- **Pele morena ou negra** – creme *teintée* ou bronze
- **Pele avermelhada** – neutralizar o rosado com o verde pálido
- *Look* **loiro claro** – bege claro
- *Look* **ruivo** – bege ombré
- *Look* **oriental** – bege neutro
- *Look* **moreno ou negro** – creme *teintée* ou bronze

Um passo importante da maquiagem é a aplicação do corretivo. Identifique o seu tipo de rosto e aplique o produto:

- **Oval** – normalmente não requer muitas correções.
- **Quadrado** – clarear o centro da testa e o queixo. Escurecer os ângulos, as têmporas e as maçãs do rosto.
- **Longo** – clarear a parte superior das maçãs para o exterior e a testa.
- **Triangular** – corretivo claro na testa e no alto das maçãs. Escurecer a raiz do cabelo e a testa.
- **Redondo** – escurecer as maçãs e a parte superior da face.

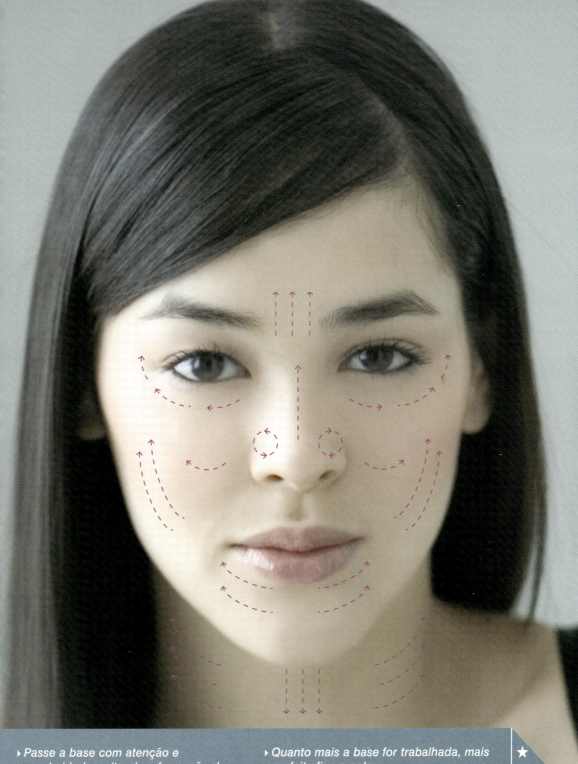

- Passe a base com atenção e regularidade, evitando a formação de placas espessas. Espalhe-a no sentido da musculatura, como se estivesse fazendo uma massagem modeladora de baixo para cima e para trás.

- Quanto mais a base for trabalhada, mais perfeita fica a pele.

- Para a noite, não tenha receio de ousar algumas misturas com diferentes efeitos cintilantes, nacaradas, lumigel etc.

★ Após a aplicação da base e do pó-de-arroz, passe uma vaporização de água mineral. Seque com papel absorvente e repita a aplicação da nuvem de pó. A maquiagem ficará perfeita por muito mais tempo.

Beleza | Maquiagem

Pó-de-arroz

Os pós-de-arroz atualmente são muito finos, translúcidos e deixam a pele respirar perfeitamente, de maneira inversa aos pós-de-arroz utilizados no passado. O pó permite retirar o brilho excessivo do rosto, atenua o poro aberto e afina a aparência da pele. Sua composição é feita de uma mistura ideal de talco, *kaolin*, óxido de zinco e amido.

A aplicação do pó-de-arroz se faz com esponja, com chumaço de algodão ou pincel grande de *blush*. Quanto mais leve o "véu" de pó, mais natural será a maquiagem, especialmente para os retoques durante o dia. Remova o excesso de pó facial, evitando que se acumule nas linhas e marcas faciais, deixando o rosto com aparência de máscara.

Sua pele será perfeita com a base apropriada e aplicada com muita paciência, terminando com pó facial para atenuar as marcas.

Beleza | Maquiagem

Rouges e blushes

Rouges e *blushes*, *blushes* e *rouges*. Termos usados indistintamente pelo grande público para denominar pós e cremes com finalidades bem específicas.

No passado, o *rouge* era o toque rosado, dado unicamente nas maçãs do rosto. Com o passar do tempo, esse *rouge* foi se transformando, novas cores e tonalidades foram colocadas no mercado. Tornou-se a "pincelada" que harmoniza tonalidades e efeitos, que dá luminosidade à maquiagem de forma natural e sutil. Até mesmo sobre uma pele absolutamente limpa e hidratada, sem qualquer maquiagem, você pode dar toques dele e conseguir um efeito de saúde, de bem-estar.

A cor do *blush* pode combinar com a roupa ou com a tonalidade de sua pele, olhos e cabelos. O colorido das faces deve parecer um rubor leve e natural, dando ao rosto uma aparência de vitalidade e energia.

É muito importante que você opte por tonalidades que a deixem natural, ou propositadamente sofisticada. Assim, use *rouges* ou *blushes* rosa discreto e cor de pêssego para o dia, e os mais vermelhos, mais cintilantes, para a noite. Eles devem ornar com seu tom de pele:

- os rosas para as peles claras,
- os tijolos para as peles morenas e bronzeadas,
- os vermelhos-claros são bonitos para a noite, sob luzes artificiais.

Para as peles secas e desidratadas, prefira *blushes* em creme. O *rouge* em pó é o mais fácil e mais tradicional dos *blushes*. A aplicação é feita com pincel, seguindo as maçãs do rosto. Pode ser aplicado tanto de dia como à noite, e também pode-se recorrer a superposições de cores para efeitos e realces especiais. Ousar com as cores e materiais é sempre possível desde que se tenha o senso do limite e que se vigiem os resultados com espelho tridimensional.

O *blush* compacto deve ser usado após o pó facial, utilizando um pincel próprio para aplicar e esfumaçar no encontro com a linha dos cabelos.

- Remova o excesso de *blush* compacto do pincel, batendo-o levemente em um lenço de papel.

- Aplique o *blush* no centro da testa, com movimentos para cima.

- O *blush* deve ser aplicado nas maçãs do rosto, partindo do meio delas em direção às têmporas. Não aplique na região entre o nariz e o canto interno da íris.

- Não aplique o *blush* na área sob os olhos, pois parecerá um círculo escuro.

- Lembre-se: não pinte as laterais do rosto. Espalhe levemente e utilize o pó facial com um pincel grosso para esfumaçá-lo. Desta maneira não se formarão linhas que marcam e delimitam a área com *blush*, e a cor ficará natural e sutil.

Olhos

Nos olhos, a maquiagem torna-se arte. A luz do olhar, o realce, o disfarce, tudo é uma questão de harmonia e personalidade. É preciso ter paciência e fazer diversas tentativas até chegar à forma ideal, o traço exato que dará personalidade à sua maquiagem. Para isso, antes de proceder à maquiagem dos olhos, verifique se a base, os corretivos e o pó-de-arroz estão perfeitamente aplicados.

01 Escove e delineie as sobrancelhas.

02 Delineie com lápis marrom o contorno do olho, bem rente aos cílios.

03 Aplique a sombra.

04 Aplique a máscara para cílios, nos cílios inferiores e superiores.

05 Volte aos detalhes e examine novamente se a aplicação está perfeita: lápis, sombra, máscara para cílios.

- **Sombra em pó** – aplicada com discernimento, ilumina o olhar. As cores escuras atenuam as marcas e os volumes, enquanto as claras realçam e acentuam detalhes e o contorno do olho. Qualquer que seja a cor escolhida, esfumace-a ao máximo para não provocar nenhuma marca.

- **Sombra em creme** – mais difícil de passar, mais difícil de fixar. São produtos a serem utilizados quando a pele for demasiadamente seca.

- **Lápis delineador** – usado para traçar uma linha delicada bem rente aos cílios. Para facilitar, coloque um espelho na altura do pescoço e com as pálpebras relaxadas, olhando para baixo, vá delineando sem forçar, esfumaçando com cotonete.

- **Delineador** – com as pálpebras relaxadas, como o indicado para o uso do lápis, delineie um traço contornando as pálpebras para aumentar os olhos. Ao fazer isso, olhe-se em um espelho colocado na altura do pescoço.

- **Cílios artificiais** – devem ser usados em ocasiões especiais. Depois de maquiar os olhos, faça a colocação de cílios artificiais. As pálpebras e os cílios devem estar perfeitamente secos para a cola aderir bem. Corte desbastando, se for necessário, os cílios artificiais antes de colocá-los. Por isto, muita paciência e delicadeza até conseguir a perfeição, nada de artificial deve aparecer! Passe a cola apropriada na base dos cílios postiços e, olhando bem para a frente, com os olhos semi-fechados, coloque os cílios junto aos cílios naturais, pressionando suavemente para que a franja inteira cole na pálpebra. Espere secar e retoque qualquer excesso de cola com o delineador. Passe de novo a máscara, misturando cílios naturais com os artificiais.

- **Máscara para cílios** – é o toque final da maquiagem. A máscara engrossa e encomprida os cílios, dando maior efeito à maquiagem. As cores preta e marrom são a melhor escolha. Porém, um belo azul-marinho, verde-esmeralda ou violeta dão sofisticação, especialmente para quem tem olhos claros. Essas três cores devem ser usadas à noite, em festas, jantares etc. A máscara à prova d'água (*waterproof*) deve ser retirada com demaquiante específico.

- *Utilize sombra fosca, pois a cintilante acentua as marcas.*

- **Olhos caídos** – acentue os cantos externos, "levantando-os" com a sombra escolhida.

- **Olhos próximos** – desenhe um triângulo de sombra que alongue o canto externo da pálpebra superior.

- **Olhos separados** – aplique uma sombra mais forte no canto superior interno do olho e no canto inferior externo.

- **Olhos redondos** – acentue a parte interna da pálpebra superior e a inferior do meio para fora a fim de alongá-las.

- **Olhos fundos** – coloque sombra rosada ou amarela clara no canto interno e maquie o olho para fora.

- **Olhos pequenos** – passe um lápis branco na parte inferior do olho. Delineie todo o olho e ultrapasse um pouco o canto externo.

Lábios

Os lábios provocam também um forte impacto no conjunto da maquiagem. O seu desenho e a escolha da qualidade do batom darão o toque final.

O batom é o último item da maquiagem e é o primeiro no momento do retoque. Foi comprovado que o batom é o elemento indispensável no arsenal da maquiagem. Podem ser dispensadas as sombras, a máscara para cílios, o lápis, as bases, os *blushes*, mas o batom, não! Afinal, quem não usa batom?

O mercado cosmético oferece várias opções para execução de uma linda boca com os batons tradicionais, *gloss* e lápis coloridos. Preste atenção à maquiagem dos lábios. Ela é muito mais complexa do que simplesmente passar um batom.

▸ **Desenho dos lábios** – seque-os com papel absorvente. Com um lápis de cor próxima à do seu batom, trace um contorno perfeito de seus lábios. Passe o próprio lápis como fundo antes de pincelar sua boca com o batom escolhido. Lembre-se que o batom deve harmonizar-se com todos os detalhes de sua maquiagem.

Seque o excesso com papel absorvente e reaplique o batom. Complete com brilho ou *gloss* para iluminar ainda mais a maquiagem.

Sorriso

Os dentes sofrem algumas alterações com o passar do tempo e podem começar a aparecer desgastes em sua estrutura. Também podem surgir alterações de cor (escurecimentos) em decorrência dos pigmentos e corantes encontrados nos alimentos, cigarros e bebidas como o café, chá e vinho.

Atualmente, novas tecnologias permitem tratamentos menos invasivos e mais eficientes. As porcelanas e as resinas substituem as restaurações metálicas como, por exemplo, amálgama de prata. O clareamento dos dentes também tem tido destaque, podendo ser feito tanto em casa quanto no consultório, mas sempre sob a supervisão de um profissional habilitado.

Hoje podemos contar também com os implantes para substituir dentes perdidos; eles são bastante seguros e têm ótima qualidade estética. Os cirurgiões-dentistas visam a restauração da forma e da função, além de o tratamento recuperar a auto-estima da pessoa.

Devemos ter consciência de que a saúde bucal requer mais que dentes sadios. É necessário ter o conjunto "têmpora-mandibular" em ordem. Os tratamentos de fisioterapia bucal procuram devolver a harmonia das funções articulares e muscular, eliminando dores e alterações causadas pela disfunção articular. Esse tipo de terapia é utilizado também em casos de cefaléia. Envolve exercícios específicos de alongamento, termoterapia e ultra-som, com o objetivo de aumentar a vascularização da região.

O sorriso embeleza e tem um fabuloso poder de "quebrar barreiras", encantando e aproximando as pessoas.

- Antes de passar seu batom, passe um pouco de pó-de-arroz sobre os lábios: ele não permitirá que o batom saia rapidamente.

- **Lábios finos** – com um lápis bege-rosado, desenhe seus lábios por fora do desenho natural, aumentando o seu contorno.

- **Lábios caídos** – para diminuir o efeito da queda externa, passe uma base corretiva nas extremidades e desenhe o contorno do canto dos lábios voltado para cima.

- **Lábios irregulares** – use duas cores, uma mais clara e outra mais escura. O lado mais fino terá um batom mais claro. Hábil e minuciosamente, desenhe um contorno harmonioso.

- **Lábios grossos** – desenhe o contorno dos lábios na parte interna deles.

Maquiagem para pele negra

A maquiagem deve acentuar o estilo da mulher negra. Para tal, é importante valorizar os olhos, sobrancelhas, as maçãs do rosto e ao mesmo tempo suavizar a espessura dos lábios e do nariz.

Por ser uma maquiagem de contrastes e luminosidade, os olhos deverão ser bem delineados, usando, de preferência, sombra de tons quentes e luminosos. Evidentemente, será seu estilo que deverá imperar. Evite as tonalidades bege. O *blush* pode ser aplicado nas maçãs do rosto, o que dará um toque especial à face. A tonalidade dependerá tanto da vestimenta como do tom natural da pele. Exemplo: se a pele for marrom-clara, os tons tijolo e terracota serão bem-vindos; se a pele for negra azulada, mais escura, os vermelhos (carmim) serão mais indicados.

Maquiagem para adolescentes

A maquiagem para adolescentes deve ser suave. Os tons de rosa e coral funcionam bem, assim como os marrons suaves e neutros. As adolescentes ficam lindas quando a maquiagem é leve.

- Utilize o lápis corretivo, com uma tonalidade que combine com a sua cor de pele, para cobrir eventuais manchas.
- Escove as sobrancelhas para cima.
- Utilize lápis com cores suaves, cinza ou marrom, para traçar uma linha rente aos cílios superiores e inferiores, e depois esfumace.
- Aplique uma camada de máscara marrom.
- Utilize um *blush* de tonalidade rosa ou pêssego e aplique-o suavemente nas laterais do rosto.
- Para os lábios, dê preferência ao brilho labial ou a uma tonalidade natural de batom.

Beleza | Maquiagem

Maquiagem para asiáticas

A mulher asiática possui um refinamento e uma distinção naturais. Deve-se acentuar a delicadeza desse rosto e o aspecto misterioso do Oriente. Procure dar um ar mais saudável ao rosto, a pele deverá ser clareada com uma base em tom médio luminoso, evitando o ocre e o rosa. As maçãs do rosto devem ser levantadas e estiradas em direção às têmporas, para afinar o rosto. O nariz deve ser levemente afinado com sombra escura em suas laterais. Os olhos devem ser delineados em sua forma natural. Utilize cores como preto, verde, roxo, lilás. Estire bem as sobrancelhas em direção às têmporas, levantando-as levemente para fora. Desenhe enigmaticamente os lábios, com as extremidades bem finas. Opte por cores que harmonizem o conjunto.

Maquiagem para mulher madura

A maquiagem deve ser suave e embelezadora ao extremo, não acentuando nada e, ao mesmo tempo, atenuando e suavizando as marcas de expressão e a flacidez da pele e do contorno. Antes de maquiar-se para uma ocasião especial, faça um tratamento revitalizante e tonificante. Mesmo que você tenha pouco tempo, prepare sua pele e "espírito" para uma certa transformação. Fala-se muito dos "efeitos Cinderela". São máscaras e cremes à base de dimetilaminoetanol (DMAE), vitamina C e hidroxiprolina (TRS), substâncias que esticam um pouco a pele e suavizam as expressões. Aplique uma máscara tensora (existe uma variedade no mercado; é só escolher), enquanto repousa por 20 minutos, praticando a visualização e a meditação, e já terá um melhor resultado da maquiagem. Use produtos para pele seca ou desidratada com o máximo de cuidado e precisão para não acentuar as linhas de expressão. Evite o realce dos cintilantes.

Maquiagem noturna

A noite combina com uma maquiagem mais sofisticada. As sobrancelhas podem ser mais definidas, as sombras para os olhos mais expressivas e o batom mais escuro. A noite permite que você experimente e se divirta.

- Uniformize a tonalidade da pele com a base adequada.

- Encubra as olheiras ou quaisquer manchas com lápis corretivo.

- A base pode ter mais cobertura e ser mais opaca. Utilize o pó compacto com uma esponja úmida ou base líquida. Fixe com pó facial.

- Escureça levemente as sobrancelhas e acentue o arco com lápis para contorno, mas mantenha sua simetria, seguindo o formato natural.

- Aplique uma sombra clara, indo da base dos cílios até a sobrancelha.

- Aplique uma tonalidade mais escura de sombra, traçando uma linha fina na dobra do olho. Isto aumenta as pálpebras e acentua as sobrancelhas.

- Para reforçar a estrutura dos olhos até a sobrancelha, aplique uma tonalidade média de sombra sobre a tonalidade mais escura na dobra.

- Aplique delineador preto na pálpebra superior, começando pelo canto interno do olho com um traço fino, engrossando-o na altura da íris, sempre acompanhando a linha dos olhos, e estendendo-o levemente para cima, ultrapassando o canto externo do olho.

- Utilize lápis para contorno dos olhos, trace uma linha nos cílios inferiores e esfumace-a; mas não a feche na extremidade exterior, pois isso diminui o tamanho dos olhos.

- Atenue as bordas do *blush* escuro com outro de tonalidade mais suave. Esfumace na direção da linha dos cabelos.

- Use lápis para o contorno labial e preencha os lábios com um batom de cor mais ousada.

Pessoas que usam óculos

O efeito da maquiagem irá variar de acordo com o tipo de óculos usado. As lentes para quem tem miopia diminuem o tamanho dos olhos; portanto, a maquiagem pode ser mais forte. Já as lentes para hipermetropia aumentam os olhos; portanto, a maquiagem não deve ser tão acentuada.

- Harmonize a cor dos aros dos óculos com a cor da sombra e das tonalidades naturais dos olhos, cabelos e sobrancelha.

- A máscara para cílios é imprescindível.

- A sobrancelha deve estar um pouco acima do topo do aro.

- Se o aro for de cor forte, use um batom de cor forte também para obter maior equilíbrio.

Beleza | Maquiagem

Harmonia na maquiagem

A sutileza da cor, o brilho sem excesso, os tons leves, são determinantes para a realização de uma maquiagem harmoniosa. As cores nos transmitem sensações e com base nelas podemos classificar seus tons em quentes ou frios.

- **Tons frios** – Compreendem todas as cores sob dependência do azul, indo do vermelho azulado, lilás, roxo, azul, verde azulado, até o verde.

- **Tons quentes** – Compreendem todas as cores sob dependência do amarelo, indo do vermelho, laranjas, amarelo, verde amarelado, verde alaranjado, até o verde.

Repare que o vermelho e o verde são cores de transição porque podem aparecer tanto em uma harmonia como em outra.

Pessoas de olhos azuis, se colocarem uma sombra alaranjada sobre a pálpebra, perto dos cílios superiores, irão acentuar a cor azul da íris, pois o alaranjado projeta ao seu redor a sua cor complementar azul.

O preto delineia e o branco sobressalta – uma cor contrasta com a outra e esse jogo dá uma sensação de volume e profundidade.

O claro e escuro têm efeitos definitivos em como as coisas são percebidas. As cores claras fazem com que uma área tenha uma aparência maior, trazendo-a para frente; as cores escuras fazem com que uma área tenha uma aparência menor, diminuindo seu tamanho ou fazendo-a desaparecer.

Utilizando as variações claras e escuras das maquiagens e as várias técnicas para realçar e contornar, criam-se ilusões ópticas, o formato do rosto pode ser alterado, bem como o formato e tamanho dos olhos, do nariz e da boca. Assim, usamos tons mais claros e escuros de base e pó-facial para corrigir contornos do rosto, sombras mais escuras são usadas para corrigir pálpebras mais salientes e batons mais escuros, para diminuir lábios carnudos. Sombras brancas e peroladas aumentam olhos muito pequenos, tons claros deixam os lábios mais sensuais, mais carnudos.

Em síntese, o princípio do claro e escuro é simples de seguir: para diminuir, escurecer; para aumentar, clarear.

Beleza | Sexualidade

175

Nos dias de hoje, o te
amplamente discutido
debates, conferências,
elementos e informações para e

Beleza | Sexualidade

sexualidade é
estudos científicos,
ue nos oferece muitos
ndê-lo melhor.

Por outro lado, sexualidade e erotismo passaram a ser explorados, tornando-se o grande foco da propaganda, da televisão, do cinema, enfim, da mídia em geral.

Se, por um lado, sexualidade é um assunto que deve ser discutido, pois faz parte de nossa vida, por outro, devemos preservar a privacidade de nossa vida sexual, pois este é um aspecto pessoal, íntimo e complexo, que diz respeito exclusivamente a cada um de nós. É o nosso "jardim secreto". Ela exerce grande influência sobre nosso comportamento e aparência. De certo modo, expressa a nossa personalidade.

A atenção necessária

A sexualidade transcende a vida sexual; manifesta-se sob diversos aspectos e varia conforme o estado emocional, as circunstâncias de vida, o momento presente, o estado físico e a idade de homens e mulheres. Ela é essencial na vida das pessoas e deve ser entendida como tal, sem, no entanto, requerer uma atenção obsessiva.

Exercer plenamente sua sexualidade é uma atitude perfeitamente natural e saudável. Devemos compreender que sexualidade é vida, e de certa forma é Beleza também, já que o ato sexual e os contatos afetivos e amorosos trazem plenitude e grande sensação de bem-estar.

O corpo, quando estimulado sexualmente, se retesa e a atividade sexual provoca grande gasto de energia física, seguida por um profundo relaxamento físico e mental. O instinto supera a razão e transforma, por instantes, um ser comum em uma pessoa resplandecente e feliz.

Beleza | Sexualidade

O exercício pleno de nossa atividade sexual perdura por décadas. Pode-se e deve-se ter vida sexual ativa na maturidade. Porém, podem ocorrer problemas ligados ao desejo sexual, ocasionados por exemplo, por disfunções hormonais; se isto acontecer, consulte o ginecologista de sua confiança.

Para melhorar a qualidade e o prazer advindos da energia sexual, existem terapias e exercícios específicos recomendados por médicos, psicólogos e outros especialistas na área. Não sinta vergonha se notar diminuição do desejo ou qualquer outra disfunção sexual. Recorra a profissionais competentes para resolver esse problema e tenha na prática regular de exercícios físicos importante aliada de sua atividade sexual. A energia sexual é parte integrante desse conjunto harmônico que somos.

A importância do fluxo da energia sexual é reverenciada nos templos indianos como em Kajuharo, onde as representações tântricas são lindamente exploradas. Há também os templos de Shiva, com esculturas de Lingam e Yoni, claramente representativas do sexo feminino e masculino – polaridades opostas que, unidas, formaram a humanidade.

Meditação

01 A meditação é uma prática excelente, que pode ser realizada por um casal. Em espaço confortável, pré-aquecido, na penumbra, acenda uma vela aromática. Sentem-se em sua posição preferida. Tranqüilizem a mente e a respiração. Abram delicadamente a boca e as narinas. Respirem em um ritmo lento e profundo.

02 Sintam as energias do cosmo fluírem para dentro de vocês e visualizem as vibrações de todas essas energias vivas e positivas; visualizem também cores como o laranja e o vermelho inundando seus corpos, esquentando a região pélvica, a bacia e o centro cardíaco.

03 Misturem seus sentimentos com essa energia e deixem que essas sensações circulem, como os movimentos de uma dança, por seus órgãos, seu corpo, sua pele.

04 Esse exercício deve durar de 15 a 20 minutos. Depois disso, façam uma massagem, um no outro, deslizando as mãos com afeto, amorosamente, com a intenção de oferecer ternura e prazer.

As massagens são experiências deliciosas. *Todos nós temos o desejo de sermos tocados. O toque é uma linguagem poderosa, e às vezes pode ser mais eficaz que as palavras, para expressar nossos sentimentos. O hábito de fazer massagens deve ser cultivado e pode contribuir muito para o relacionamento de um casal. A massagem alivia as tensões permitindo, assim, que a energia circule livremente. Procure a parte divina escondida em você e, ao tocar o parceiro, transcenda sua parte física.*

A prática de exercícios internos (contração e controle do períneo) e movimentos específicos da bacia e da área pélvica e coxas são saudáveis; você pode encontrar orientações para sua execução em publicações, cursos e vídeos. Esses exercícios e movimentos podem ajudá-la a se conhecer melhor e contribuir para o prazer na relação sexual.

Beleza | Maternidade

183

Poucas mulheres procu[ram]
engravidar para avaliar o seu est[ado]

Beleza | Maternidade

am o médico antes de
o de saúde.

O ideal seria preparar-se tanto física quanto psicologicamente para este novo e maravilhoso projeto de vida. Graças aos avanços da medicina, é possível preparar o organismo feminino para a gestação, como também detectar problemas genéticos, doenças infecciosas ou qualquer outra condição orgânica que possa impedir uma gravidez e um bebê saudáveis. Uma vez afastado qualquer fato que desaconselhe a concepção, o próximo passo seria preparar-se para a gravidez. O cuidado com a alimentação é fundamental para sua boa evolução. Envolve ingerir alimentos com ácido fólico (presente nas verduras de folhas verde-escuras), ricos em cálcio e uma dieta bastante equilibrada.

O acompanhamento da gravidez por um obstetra é essencial. Deve existir entre médico e paciente um elo de confiança para que a gestante exponha seus desejos e apreensões durante as visitas mensais para, assim, estabelecer um relacionamento seguro, o que será muito positivo, principalmente na hora do parto.

Mas, ao lado dos cuidados necessários para ter uma gravidez sem problemas, a futura mamãe também deve cultivar a sua Beleza; este é o momento de prestar maior atenção a certas partes do corpo.

- **Pele** – redobre a hidratação corporal, especialmente no ventre, nos seios e nas pernas. Esta é a melhor maneira de evitar o aparecimento de estrias.

- **Dentes** – faça consultas mais freqüentes ao periodontista e dentista, para garantir a saúde das gengivas e o controle sobre eventuais cáries.

- **Unhas** – se forem frágeis, além de aplicar produtos revitalizantes encontrados no mercado, consulte um dermatologista. Seu organismo pode necessitar de cuidados específicos.

- **Cabelos** – tratamentos com queratina darão uma aparência brilhante e sedosa aos cabelos.

Beleza | Maternidade

A gestação

Quando se confirma a gravidez, sentimo-nos em estado de graça, plenas, pois uma vida nova está se desenvolvendo dentro de nós!

Nesse período de nove meses há profundas alterações metabólicas no organismo, que modificam o nosso físico e também nosso emocional. Passamos a ter reações surpreendentes, que vão da euforia à sensação de insegurança: facilmente passamos do riso ao choro, da alegria à tristeza, sem motivos explícitos. Muitas vezes é difícil trabalhar toda essa gama de emoções que se sucedem.

Para você se sentir bem, deixe extravasar toda a alegria inerente a esse momento. Demonstre e compartilhe a sua felicidade. A esperança de uma nova vida tem um toque divino. Entregue-se nas mãos de seu médico, siga as orientações dele e não espere os últimos meses de gravidez para se preocupar com a sua saúde, a do bebê e, também, com sua aparência.

Cuidado com a balança e outros probleminhas

Você está grávida. Já visitou seu médico. Neste período, você poderá enfrentar algumas ocorrências diretamente associadas à gravidez. O importante é adotar medidas para contornar alguns incômodos e estar sempre atenta ao peso. Uma série de cuidados deve ser observada em relação à saúde e à aparência.

- **Peso** – o excesso de peso não facilita nem o parto nem a recuperação da silhueta. Uma atitude equilibrada para a gestante não significa comer por dois e nem ficar sem praticar exercícios. Também não é o momento de fazer regime. Isso poderia comprometer tanto a sua saúde como a do bebê. Mas é hora de controlar e equilibrar sua alimentação que deverá ser composta de frutas, legumes, carne, frango ou peixe fresco diariamente, e também muita água.

- **Inchaço** – durante a gravidez, o estrógeno e a progesterona modificam o organismo, gerando acúmulo de líquido nos tecidos, o que resulta em inchaço. Por isso, evite permanecer sentada ou em pé por um longo tempo. O melhor exercício será sempre caminhar ou fazer hidroginástica, muito recomendada nesse período.

- **Fadiga** – o desenvolvimento do feto requer um gasto de energia enorme que aumenta o ritmo cardíaco e provoca alterações na pressão arterial. A melhor atitude é repousar, sempre que puder, para recompor forças e não se abater. Alimente-se bem, fazendo seis refeições diárias. Mas não exagere na quantidade! Pequenas porções entre as refeições principais evitarão que você tenha muita fome na hora do almoço e do jantar.

- **Drogas ou remédios** – drogas pesadas, álcool e cigarro nem pensar. As conseqüências da nicotina e do álcool refletem-se diretamente no bebê, pois debilitam e fragilizam o feto, trazendo sérios problemas pulmonares e circulatórios. Os remédios devem ser evitados nas primeiras semanas de gravidez. Porém, converse com seu médico se tiver de usar alguma medicação.

Beleza | Maternidade

Não deixe de cuidar de sua beleza. Tenha os cabelos escovados, bem cortados, mãos, pés, depilação e pele em ordem, e use uma leve maquiagem, especialmente um batom. Chame a atenção com a sua felicidade. Sorria para a vida. Sorria para o mundo e viva com o charme e a Beleza da gravidez.

Gravidez não é doença. Pode-se (e deve-se) continuar tendo uma vida absolutamente normal. Caso haja alguma complicação ou intercorrência, como sangramento ou problemas de saúde, siga as orientações de seu médico. Viva esse período feliz e linda!

▸ **Exercícios** – é importante manter uma musculatura firme e preparar-se para um parto normal e tranqüilo. Alguns exercícios são especialmente recomendados para ativar a circulação, manter a flexibilidade e o tônus muscular. As maternidades, os ginecologistas e as assistentes sociais são os indicados para aconselhá-la nesta área. Caminhadas são sempre bem-vindas.

▸ **Pele** – os hormônios transformam freqüentemente a pele da mulher grávida. Percebemos que o Sol acentua o cloasma gravídico (manchas marrons). É recomendável evitar a exposição ao Sol neste período. Às vezes; a pele torna-se seca; em outras, oleosa. Recorra aos conselhos indicados para cada caso. Se o seu aspecto a preocupa, com a presença de acne, espinhas ou ressecamento excessivo, consulte um profissional. Não use soluções caseiras, pois estas podem causar alergias, alterações e outros problemas graves. Certas frutas ácidas acentuam as manchas e provocam queimaduras. Passe diariamente, após o banho, emulsão hidratante para o corpo, adicionando algumas gotas de óleo de amêndoas doces e glicerina. Massageie toda a região dos seios, da barriga e das coxas. Verifique com seu médico se não há carência de vitaminas e zinco no organismo. Use um bom sutiã, especial para gestantes, para sustentar o peso e o volume dos seios.

▸ **Cabelos** – podem sofrer algumas alterações, tornando-se ressecados ou oleosos. Trate-os conforme o indicado no capítulo sobre Cabelos.

▸ **Circulação** – eleve as pernas quando repousar; não abandone os exercícios físicos. Depois do banho, massageie as pernas com creme à base de cânfora e mentol. Respire profundamente com um ritmo suave e consciente.

▸ **Cumplicidade** – crie um elo de grande ternura com o bebê. Converse com ele, principalmente sobre amor e alegria. Torne-se desde já sua companheira, cúmplice e demonstre o quanto está feliz com a sua chegada.

Beleza | Maternidade

O pós-parto

Agora o bebê já nasceu. É o momento em que se mesclam diferentes emoções e sensações. Ao mesmo tempo em que somos tomadas pela alegria de ter tido um filho, crescem a ansiedade e o cansaço, em contraposição à grande serenidade e à plenitude interior. É a magia da maternidade!

Depois que o bebê chega em casa, passa a ocupar o espaço que antes era seu e de seu companheiro ou também dos demais filhos. A partir desse instante, toda a atenção vai para o nenê. É inevitável, pois ele é frágil e necessita de atenção e carinho. No entanto, você não deve esquecer de si mesma.

Muitas mulheres são acometidas pela depressão puerperal (depressão pós-parto). Sentem-se angustiadas e tristes. Algumas vezes sentem-se piores pelo fato de terem certeza de que o nascimento de uma criança é motivo de grande alegria, mas que naquele estado não conseguem compartilhar dessa felicidade.

O pós-parto não deixa de ser um momento de grande estresse, pois há um aumento real de responsabilidades e grandes mudanças ocorrem a partir da chegada do bebê. No início, essas alterações da rotina e das responsabilidades podem afetar o comportamento e o emocional.

Um dos maiores sinais da depressão pós-parto será a falta de interesse por si mesma. Para evitar rachaduras, no pós-parto, após as mamadas, os mamilos devem ficar secos. As rachaduras melhoram com creme à base de uréia, na concentração de 20%.

Procure curtir com toda a intensidade esta nova e bela relação "mãe-filho". Não se esqueça de que o reflexo desse estado de felicidade embeleza.

Aproveite a hora de amamentar para meditar junto ao seu bebê. Você deverá dar o melhor de si.

Evite estar ligada nos problemas ou assuntos pendentes a serem resolvidos. Deixe isto para um outro momento, longe do perímetro energético do recém-nascido.

Relaxe e respire tranqüilamente perto dele. Imagine-se dentro de uma bolha de luz, junto com o bebê. Mentalize as mais lindas situações de paz, harmonia, saúde e felicidade. Fale suavemente, mas com alegria e convicção, o quanto a sua vinda ao nosso mundo é abençoada. Sorria, sorria muito neste momento. É bom para você, mas é melhor ainda para ele.

Não tente dissimular o seu estado de depressão. Isso só piora as coisas. Converse com seu médico sobre o que você sente. O estado depressivo não ocorre por incompetência sua, nem é você que o provoca. A depressão pós-parto é mais comum do que se possa imaginar.

Mesmo que ainda esteja se recuperando do parto, redobre a atenção com você. Não descuide de sua alimentação. Ela deve continuar sendo equilibrada. Não exagere, mas também não é hora de fazer uma dieta rigorosa, se você ganhou uns quilinhos a mais.

Você deve estar amamentando o bebê e por isso deve ficar atenta aos cuidados dos mamilos. Não se esqueça de manter os cuidados já indicados anteriormente.

Apesar de esse período exigir muito de seu tempo nos cuidados com o bebê, reserve momentos para cuidar de você também. Faça as unhas, os pés, cuide do cabelo. Quem sabe um novo corte? Olhe-se no espelho e veja que você está voltando à antiga forma. Use maquiagem leve quando sair.

Você é mãe, mas antes de tudo continua uma mulher bonita e feliz!

Beleza | Rejuvenescimento

193

O tempo passa para t
aparência depende da genética,
cuidados que tomamos ao long

Beleza | Rejuvenescimento

los nós. Porém, nossa
fatores ambientais e dos
a nossa vida.

O processo de envelhecimento é irreversível. Ossos, músculos, gordura de revestimento, pele e demais órgãos vão se transformando, atrofiando. O nosso corpo se transforma ao longo do tempo em virtude, principalmente, de fatores hormonais e ambientais. Mas saber envelhecer é também saber viver, manter-se saudável e forte, com a aparência e o espírito mais jovem do que a idade cronológica. Rejuvenescer é a mágica que todos que se olham no espelho almejam alcançar. Hoje esse sonho já é quase possível com novas técnicas de embelezamento e tratamentos para manter um visual agradável e uma vida saudável.

Não há um tratamento único para rejuvenescer, ou seja, não se tem uma aparência mais jovem somente fazendo a dieta da moda, e sim procurando seguir uma série de ensinamentos.

*Todas as idades têm sua Beleza.
Desfrute cada momento, cada fase de sua vida, e seja feliz!*

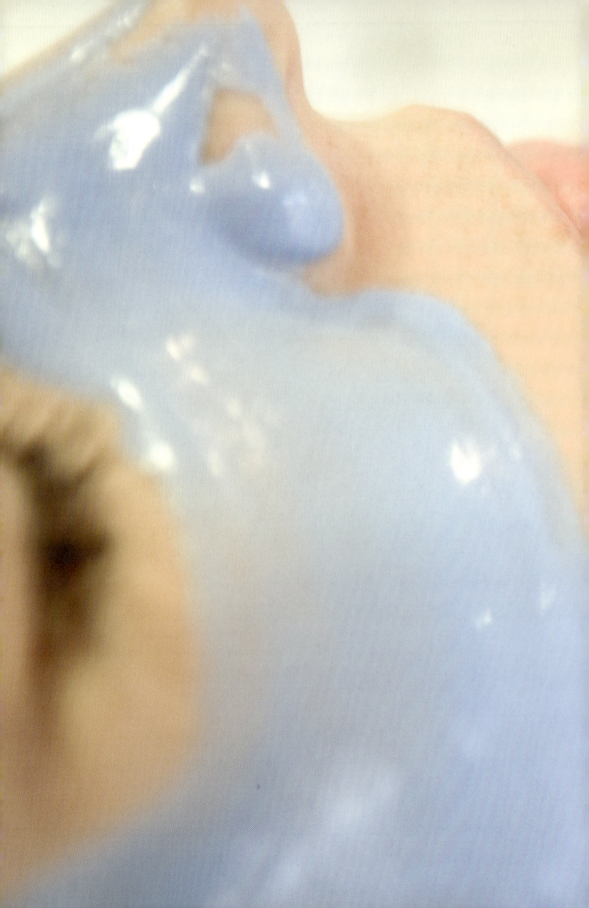

Princípios para o rejuvenescimento

O fator mais importante nos tratamentos de rejuvenescimento é a sua manutenção, pois não adianta fazer um tratamento por um determinado período e esperar que ele dure toda uma vida.

Atividade física é fundamental. Sem ela, envelhecemos mais rápido. Com exercícios físicos, o sistema cardiovascular trabalha melhor, a pressão arterial abaixa, o batimento cardíaco é mais lento, o humor é mais constante, o sono é mais profundo e dormir bem significa ter mais saúde e melhor funcionamento das glândulas que produzem os hormônios reguladores de nosso metabolismo.

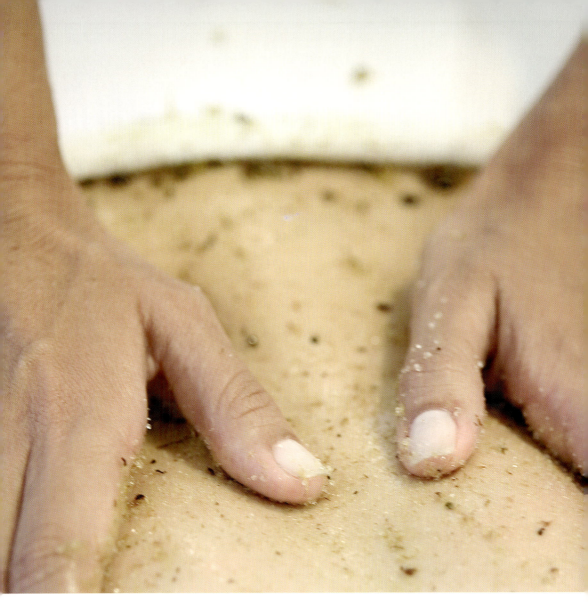

Tratamentos estéticos

Peeling

Peeling significa descascar.

A pele é submetida a tratamentos que provocam a eliminação da pele velha e trazem como conseqüência a estimulação para a regeneração dos tecidos. Esta estimula a formação de vasos, assim como o colágeno e a elastina, o que traz aparência mais jovem à pele.

As peles claras são as ideais para este tipo de tratamento; as morenas ou com tendência a manchas necessitam de cuidados especiais ou são contra-indicadas pelo risco de seqüelas cicatriciais do tipo quelóide ou o agravamento das manchas.

Um bom dermatologista recomendará o tratamento com *peeling* mais indicado em cada caso.

› **Ácidos** – os *peelings* podem ocorrer por estimulação química, usando-se o fenol ou ácidos com diferentes características de profundidade de ação na pele, cada qual indicado para um tipo de pele e idade. São os mais usados pela facilidade de aplicação, pelo menor custo e pelo fato de geralmente não precisarem de anestesia ou sedação e ambiente hospitalar.

Os ácidos mais utilizados são o glicólico, o retinóico, o mandélico, o salicílico e o tricloroacético ou TCA.

O fenol produz um resultado surpreendente de rejuvenescimento, mas exige ambiente hospitalar, monitoramento do paciente, afastamento de suas atividades por três semanas e o resultado final se estabiliza por volta do sexto mês. A pele "contrai" e fica com aspecto de porcelana. Alguns *peelings* provocam somente um leve rubor na pele; outros, mais profundos, provocam descamações e vermelhidão por poucos dias. Mas alguns, do tipo TCA, formam crostas que demoram em média uma semana para cair e o paciente requer cuidados por várias semanas para atingir o resultado esperado. Quanto mais profundo o *peeling*, melhor é o resultado, desde que aplicado por profissionais gabaritados.

› **Cremes** – Outra forma de utilização de ácidos é por meio de cremes que, aplicados, diariamente, provocam uma descamação constante, o que estimula a pele a reagir e rejuvenescer.

› **Microdermoabrasão** – é um *peeling* feito com pó de alumínio aplicado em jatos de alta pressão, o que promove a esfoliação da pele de uma forma muito regular e controlada. É indicada no tratamento de estrias e pequenas irregularidades, pois funciona como uma lixa muito delicada que vai polindo, clareando e revigorando a pele.

› *Laser* – é um *peeling* ótico, em que um feixe de luz de alta energia provoca o desprendimento de camadas da pele e a sua conseqüente renovação. É um procedimento que precisa ser feito em ambiente hospitalar.

Com o paciente sedado e os olhos protegidos, utiliza-se uma caneta que emite luz intensa em feixe, que pode ser regulada em potência e em largura. Com movimentos de vai-e-vem, sempre na mesma velocidade, esta luz vai percorrendo toda a superfície da face e, dependendo da indicação, até as pálpebras podem ser tratadas. O número de vezes que esta luz é passada sobre a pele e a potência do aparelho determinam a profundidade do *peeling*, que poderá variar de superficial a profundo. Neste caso, os cuidados e a evolução serão semelhantes àqueles quando se usa o fenol.

Cuidados

Submeter-se a *peeling* implica evitar o Sol e lâmpadas fluorescentes cuja luz tem a propriedade de manchar as peles sensibilizadas. Siga à risca as recomendações dadas pelo profissional. O uso de filtro solar de proteção máxima também é de grande importância. Complicações com *peelings* podem ocorrer e, em sua grande maioria, devem-se ao não seguimento dessas orientações.

Botox

A toxina botulínica caracteriza-se pela capacidade de paralisar músculos e esta propriedade foi adaptada para uso medicinal, inicialmente em oftalmologia, e depois, em neurologia, ortopedia etc. Sua aplicação mais recente em medicina estética trouxe resultados surpreendentes, deixando o rosto com aparência rejuvenescida – gerou um excelente nicho de mercado!

Botox é o nome comercial, porém esse nome se tornou referência para o tratamento, que consiste em injetar pequenos volumes da toxina em áreas como a região frontal, cantos dos olhos, lábios, região cervical e outras, promovendo o relaxamento das fibras musculares, o que suaviza as linhas de expressão. Os resultados são notados em dois ou três dias após a aplicação e geralmente o seu efeito perdura de quatro a seis meses. Passado o efeito, aconselha-se uma nova aplicação para relaxar os músculos e, desta forma, elevar as sobrancelhas ou suavizar rugosidades com naturalidade e harmonia por um período cada vez mais longo, pois a cada aplicação do Botox as rugas se tornam cada vez mais suaves.

O Botox pode ser usado durante muito tempo. Em casos raros ele poderá não produzir o resultado esperado devido a uma reação de defesa do organismo, que inativa a toxina botulínica.

Preenchimentos

Vários produtos prometem e realizam pequenas mágicas no preenchimento de rugas e depressões. Podemos classificá-los de acordo com a sua origem, que pode ser orgânica ou inorgânica.

Origem orgânica

O mais usado é o ácido hialurônico, cujo nome comercial é o Restylane. Com o mesmo princípio ativo encontramos o Perlane, Juvederm, Hylaform e Hylangel. O Cimetra, cujo nome comercial é o Alloderm, e o colágeno encontrado com os nomes de Zyderm e Zyplast são também orgânicos.

O preenchimento orgânico tem como principal característica a maior naturalidade. No entanto, precisa ser reposto com o tempo, pois as nossas estruturas se modificam e exigem nova aplicação.

O preenchimento perfeito, biologicamente compatível, é a lipoenxertia, procedimento pelo qual células gordurosas são transferidas de um lugar aonde existem em excesso para outro onde há falta.

A lipoenxertia é um procedimento definitivo, mas complementações são indicadas quando necessário.

Origem inorgânica

Os mais comuns são o ácido poliático (New Fill), o dimetilsiloxane (o silicone ou DMS), a policrilamida (Outline, Evolution, Aquamid, Hidrogel), além de outros.

O mais usado atualmente é o polimetilmetacrilato, cujo nome comercial é Metacril ou Artecoll.

O preenchimento inorgânico fica no rosto para o resto de nossas vidas. São produtos de grande aceitação pelos bons resultados, mas um cuidado deve ser sempre observado: evite exageros.

Como são produtos de densidade maior que a da gordura, com o tempo eles podem "descer" pela flacidez dos tecidos e ação da força da gravidade, provocando, em lugar de beleza, deformidades insolúveis.

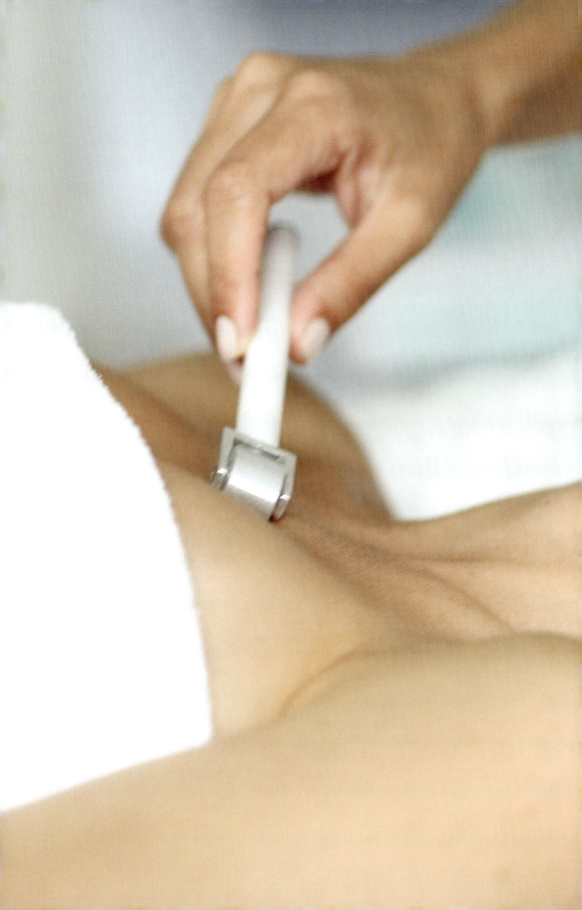

Fios

Com fios específicos e de uso medicinal, pode-se melhorar o contorno dos lábios e os sulcos. É o caso do Gorotex, fio que devido à baixa reatividade com o organismo pode ser usado como preenchimento. Precisa ser muito bem indicado e colocado para não ficar artificial.

O fio de ouro foi muito usado para estimular a formação de colágeno e ajudar a manter a pele em posição mais elevada. Atualmente, o chamado "fio russo" ganhou a preferência de quem aplicava essa técnica. Este fio tem asperezas – como se fossem pequenos anzóis – que, ao serem introduzidas na gordura abaixo da pele e tracionadas no sentido contrário, travam no tecido, ajudando a elevar as estruturas laterais da face.

Cirurgia plástica

O Brasil é reconhecido mundialmente como um dos mais avançados centros de referência neste setor e pela excelência de seus cirurgiões plásticos. Atualmente, tanto mulheres como homens recorrem aos mais variados procedimentos cirúrgicos, na ânsia de acabar de uma maneira mais radical – e, se possível, definitiva – com os problemas estéticos que os incomodam.

O ideal é fazer o pré-operatório com esteticista, que prepara e descongestiona a pele da região que sofrerá a intervenção cirúrgica. No pós-operatório imediato, a drenagem linfática traz conforto e rapidez de resultados. Só operar não produz excelência de resultado – devemos sempre pensar que a saúde e a Beleza são companheiras.

A cirurgia plástica é um recurso extraordinário, mas não faz milagres; há necessidade de reflexão e cuidado para que sua expectativa não seja superior ao que o procedimento pode lhe oferecer na realidade.

É muito importante a escolha do profissional, a sua formação, ter referências que possam ser fornecidas por outros pacientes que já foram submetidos a cirurgias similares ou pela Sociedade Brasileira de Cirurgia Plástica, que lhe informará se o médico que você pretende consultar é ou não cirurgião plástico e se ele tem o título de especialista.

Desconfie de promessas miraculosas, de facilidades anormais e de custos muito baixos, pois são os primeiros sinais de que alguma coisa está errada. Cada equipe tem um custo que poderá variar de acordo com a programação cirúrgica e com o cirurgião. Nunca se esqueça de que qualidade tem preço.

Beleza | Rejuvenescimento

Sou testemunha de verdadeiros milagres em pessoas que se submeteram à cirurgia plástica. Além de terem obtido ótimos efeitos estéticos, a cirurgia plástica deu-lhes autoconfiança, o que trouxe maior felicidade e vontade de viver.

O cirurgião plástico é um artesão, e você, sua obra de arte.

As possibilidades de melhorias que a cirurgia plástica pode lhe oferecer são inúmeras. Pode-se fazer desde um implante de cabelos até a retirada dos excessos de gordura de seu corpo. A cirurgia plástica rejuvenesce, cria formas, sutilezas, jovialidade.

Mas, a cirurgia plástica não é apenas estética; pode ser realizada para atenuar deformidades congênitas, como lábio leporino, fissuras palatinas, hemangiomas, tumores, agenesia mamária, síndromes complexas de má-formação craniencefálica, só para citar alguns exemplos. Condições adquiridas, dentre as quais a obesidade mórbida, queimaduras, seqüelas de acidentes e úlceras por insuficiência vascular ou por diabetes também podem ser submetidas à intervenção cirúrgica corretiva ou reparadora.

Qualquer procedimento relacionado ao embelezamento da pessoa reflete um ato de amor, não apenas consigo, mas também com os que a rodeiam.

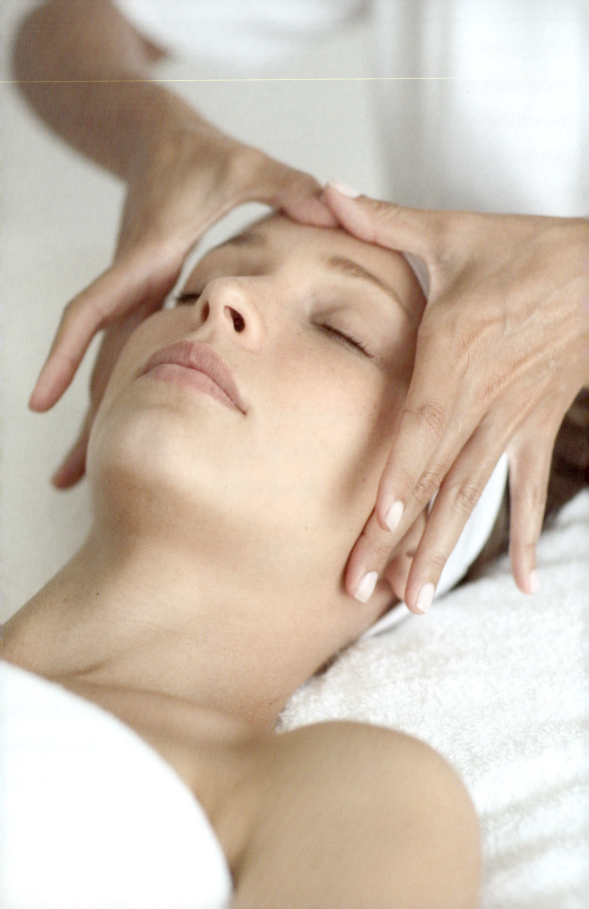

Beleza | Rejuvenescimento

Rejuvenescimento facial

Um novo conceito nos últimos quinze anos vem se fortalecendo. A naturalidade em uma fisionomia não é conseguida somente com a tração dos tecidos, mas sim com o preenchimento de áreas – como as maçãs do rosto, os lábios e o queixo – que, com a idade, têm a sua gordura de revestimento atrofiada.

Ao tracionar a pele e músculos para cima na cirurgia tradicional, a expressão pode ficar artificial, devido ao maior afinamento que a tração provoca na face. Note como é comum esse fato: tem-se a sensação de que as orelhas aumentaram, o rosto ficou longo, o nariz parece que cresceu, a boca esticou e a projeção gordurosa da maçã do rosto desapareceu. Resultado: *artificialidade*.

Você pode recorrer a outros recursos que dão excelentes resultados e mais naturalidade. Os mais comuns são:

- **Blefaroplastia (cirurgia das pálpebras)** – uma das cirurgias mais comuns para o rejuvenescimento facial, em que se procura eliminar o excesso de pele, a flacidez muscular e as bolsas de gordura que deixam o olhar triste e cansado, mesmo após uma noite bem-dormida.

- **Ritidoplastia ou *lifting* facial** – é a cirurgia que causa maior rejuvenescimento. Seu objetivo é recriar o aspecto jovem da face. Pode-se fazer desde o mini-*lifting*, em que o descolamento da pele é pequeno, mas o resultado é grande, até as complexas cirurgias em que os músculos, a gordura de revestimento e a pele são reposicionados.

O que mais chama a atenção na fisionomia de uma criança? São as bochechas salientes que cativam. Por que quando um(a) esteticista faz uma maquiagem procura salientar as maçãs do rosto? Porque estas dão jovialidade ao adulto. Seguindo este raciocínio, os melhores resultados conseguidos em um *lifting* facial advêm da soma de dois conceitos distintos. Um preconiza elevar e o outro, preencher.

- **Lipoenxertia** – já citada na página 202, é um procedimento que trouxe naturalidade aos resultados das cirurgias de rejuvenescimento. É uma técnica simples, mas que requer um grande conhecimento artístico e de proporção. Baseia-se na transferência de gordura de uma região onde ela só aumenta com os anos, para a face, onde só diminui com a idade.

Outro fato muito interessante, conseqüência da lipoenxertia, é que a pele melhora em qualidade, devido ao aumento da circulação que o enxerto de gordura provoca no local. Orelhas também envelhecem. É possível melhorá-las, com um pouco de lipoenxertia e uma discreta diminuição dos lóbulos.

- **Rinoplastia** – é outra cirurgia que deve ser associada ao rejuvenescimento: a idade faz com que a ponta do nariz "caia". Uma pequena cirurgia pode restaurar o equilíbrio facial. A rinoplastia tradicionalmente é mais comum em jovens, que procuram afinar e elevar as estruturas nasais para o embelezamento; muitas vezes, também é feita para solucionar problemas respiratórios.

- **Lipoescultura da face** – papada e depósitos de gordura na mandíbula envelhecem o semblante e a melhor solução é a lipoescultura da face, em que cânulas muito delicadas aspiram o excesso de gordura, que geralmente é reintroduzido na própria face.

Rejuvenescimento corporal

- **Mamas** – como já foi dito no capítulo Corpo, pode-se recorrer à redução de mamas ou ao seu aumento com próteses modernas que não vazam o conteúdo e continuam macias e naturais por muitos anos.

- **Lipoaspirações** – em pequenas ou grandes áreas, são feitas com um mínimo de manchas, marcas ou dor.

- **Outras cirurgias de correção** – toda a estrutura corpórea pode ser trabalhada e melhorada com a arte de um cirurgião plástico, seja para correções da flacidez abdominal, das coxas, dos braços.

Para se obter bons resultados, o ideal é recorrer a vários especialistas na área médica que poderão contribuir para a sua Beleza com orientações para você cuidar de sua saúde.

Quando se pensa em estética, o primeiro profissional que deve ser procurado é um dermatologista. Ele poderá orientá-la também quanto aos tratamentos feitos por esteticistas, e casos em que cirurgia plástica é recomendável. Dependendo da idade, é aconselhável consultar um geriatra, pois envelhecer com saúde lhe dará qualidade de vida. Quando o problema é o excesso de peso, apelar apenas para a lipoaspiração não adianta. Talvez um endocrinologista possa ajudar. Há profissionais que praticam a medicina ortomolecular, a medicina hiperbárica, alternativas que podem ser seguidas, dependendo do caso. Lembre-se: Beleza e saúde devem andar sempre juntas para gerar o equilíbrio corpomente. São o resultado de cuidados intensos que você deverá ter, sob orientação de profissionais competentes.

Beleza é a inspiração artística de todo cirurgião plástico em busca da perfeição estética.

A medicina e você

Dermatologia

Os grandes avanços conseguidos pela Dermatologia nestes últimos anos são surpreendentes. Podemos recorrer a procedimentos como os *peelings* e ao uso de formulações que podem ser usadas da cabeça aos pés, para saúde, conforto e embelezamento do nosso corpo.

Há produtos disponíveis no mercado para as mais diversas finalidades, desde evitar ou diminuir a queda de cabelos até promover a melhoria da flacidez cutânea com produtos como o DMAE, que revolucionou o tratamento estético da pele.

Um recurso bastante eficiente é o Thermacool, um aparelho de radiofrequência que atinge camadas profundas da pele, ajudando a diminuir a flacidez da pele da face e a papada. O resultado do tratamento com o Thermacool não é imediato, demora até quatro meses para a visualização do resultado final, mas vale a pena esperar.

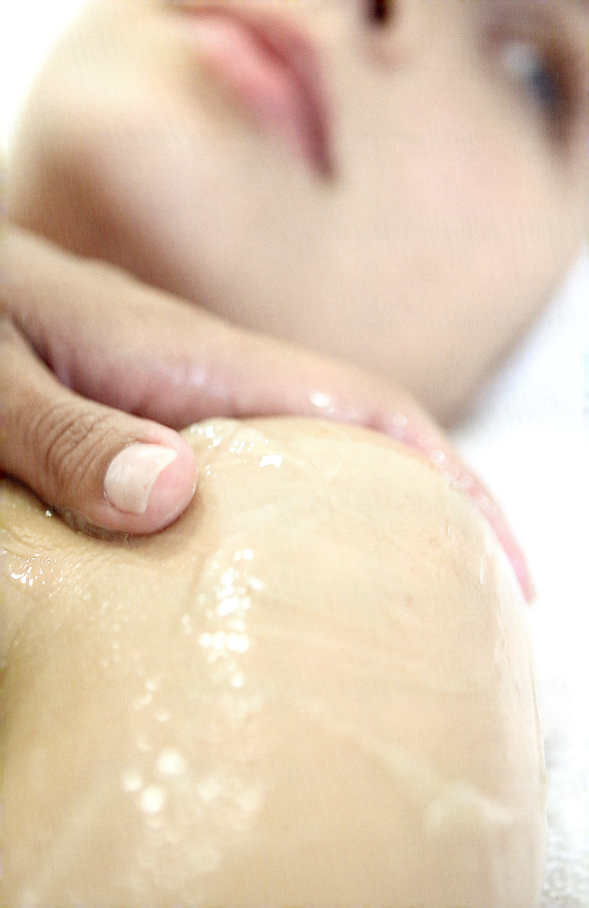

Geriatria

A Geriatria não é uma especialidade dedicada exclusivamente a pessoas de idade avançada. Ela é indicada também para os que querem envelhecer com saúde, sendo importante em termos de medicina preventiva.

Medicina ortomolecular

A medicina ortomolecular está sendo alvo de inúmeras pesquisas em universidades. Seus adeptos a utilizam para procurar restabelecer o equilíbrio bioquímico do nosso corpo e, assim, manter a juventude.

O tratamento ortomolecular visa à eliminação do que é ruim para a saúde e à reposição daquilo que pela alimentação não ingerimos; melhora a capacidade de absorção de nutrientes e de eliminação das toxinas, o que ajuda a nos manter em harmonia, auxiliando a prevenir o surgimento de doenças degenerativas. Observem como a cada dia temos mais notícias de jovens com doenças características de velhos, tais como artrites, diabetes, pressão alta, envelhecimento precoce, entre outras. A má alimentação, o acúmulo de toxinas, a predisposição genética e o estresse favorecem o aparecimento dessas enfermidades.

Outro grande mal que a cada dia ataca mais os jovens é a depressão. A pessoa deprimida não tem brilho nos olhos, sua pele é seca, o cabelo cai, suas unhas são quebradiças, a libido diminui ou desaparece, experimenta irritabilidade, dificuldade para aprendizado e relacionamento, além de alterações de sono, período no qual ocorre a grande produção dos hormônios responsáveis pela nossa aparência jovem e salutar. A insônia ou o sono interrompido várias vezes nos envelhecem.

Quando o organismo não consegue reagir bem para se restabelecer de uma doença ou para suprir a deficiência de elementos necessários à saúde, pode-se recorrer à medicina ortomolecular. Esta procura reverter uma condição de maneira natural, reproduzindo o que a natureza faria para repor a falta de determinada substância não ingerida, inexistente na alimentação.

A Beleza vem de dentro para fora.

Beleza | Rejuvenescimento

Medicina hiperbárica

O conceito e sua utilização são antigos, mas o tratamento visando à estética é muito recente e os resultados são promissores.

O paciente entra em uma câmara em que a pressão atmosférica é lentamente aumentada e lhe é fornecido oxigênio puro. O oxigênio e a pressão produzem saturação deste gás no sangue, provocando aceleração do metabolismo celular e capilar, melhorando a atividade celular, principalmente da pele.

Pacientes com lesões graves e infectadas, úlceras de pele, osteomielite, queimaduras, entre outras patologias, apresentam recuperação rápida das doenças e grande regeneração tissular após tratamento hiperbárico.

Na evolução desses pacientes, observou-se que a pele ficava mais bonita, mais hidratada e a aparência, mais jovem. Deste fato surgiram os primeiros tratamentos, reunindo os conhecimentos dermatológicos com a medicina ortomolecular e a cirurgia plástica em busca do resultado estético ideal.

Existem no Brasil diversos tamanhos de câmaras, desde pequenas para uma pessoa, chamadas de *monoplace*, até oito ou dez pacientes em câmaras muito grandes e confortáveis, em que as sessões são realizadas com o paciente sentado, conversando, vendo projeção de filmes enquanto a pressão do oxigênio o rejuvenesce.

Este mesmo tipo de tratamento é feito para mergulhadores que descem a grandes profundidades no mar e que necessitam da câmara para descompressão pós-mergulho.

A multiplicidade de tratamentos é o grande segredo – a medicina a cada dia avança na busca da eterna juventude e da saúde.

Beleza | Nutrição

211

Uma alimentação equili[brada]
e se reflete no nosso co[rpo,]
emoções e também em noss[o/a]
pele, dos cabelos, das unhas, do[s]

Beleza | Nutrição

ada é muito importante
portamento, nas
specto físico – qualidade da
entes, da visão etc.

Muitas pessoas vivem em uma guerra constante contra a balança, não raro "embarcando" em dietas milagrosas e drásticas. Os resultados, entretanto, dificilmente são os esperados. Essas dietas podem não fazer bem à saúde e, na maior parte dos casos, a pessoa volta a engordar.

A Beleza também é um reflexo do que ingerimos em nossa alimentação.

Boa forma e energia

Calorias

Não há mistério: o excesso de peso em pessoas sadias é o resultado de uma ingestão diária inadequada de calorias, especialmente sob a forma de gorduras e açúcares "dissimulados" (doces, chocolates, queijos, embutidos, álcool).

Mantenha um peso adequado à sua constituição corporal. O excesso de ingestão de calorias, sem o aumento do gasto energético, provoca o aumento de peso.

Nossas necessidades diárias de energia

Todas as nossas atividades, inclusive pensar e respirar, consomem energia. Hoje sabemos qual a quantidade necessária de calorias que uma pessoa precisa ingerir diariamente para atender às suas necessidades energéticas. Os quadros a seguir foram adaptados das informações oferecidas pela Clínica Biotonus, situada em Montreux, Suíça.

Atividades	Necessidade calórica* (em calorias)	
	Homem adulto	Mulher adulta
Trabalho moderado, sentado, em escritório. Exercícios físicos moderados.	2.500 a 2.700	1.800 a 2.200
Maior atividade física: vendedor, trabalho em pé. No lar, com crianças pequenas.	3.000 a 3.200	2.200 a 2.400
Intensa atividade física. Esportista de competição.	3.500 ou mais	3.200 ou mais

* Para adulto, conforme a faixa etária há uma reduçao na necessidade calórica diária. Apesar de essa redução depender também do peso, altura e massa muscular do indivíduo, podemos dizer que, em geral, ela é de 5% entre 50 e 59 anos, de 15% entre 60 e 69 anos e de 25% acima de 70 anos.

Você pode calcular sua necessidade diária de calorias a partir da tabela abaixo. Para isso, multiplique o número de horas diárias em que você realiza cada atividade pelo respectivo gasto energético mostrado na tabela. Some os valores obtidos e multiplique esse resultado pelo número de quilos do seu peso ideal. Pronto! Você tem a quantidade de calorias que deveria ingerir para ter seu peso ideal.

Se quiser, você pode fazer esse mesmo cálculo para seu peso real e compará-lo com o anterior. Agora é só ajustar sua ingestão diária de calorias o mais próximo possível da necessária para manter o peso ideal.

*Gasto de energia (em calorias) por kg de peso e por hora de atividade**

Atividade	Valor	Atividade	Valor
Aeróbica – de alto impacto	7,0	Dormir	0,9
Aeróbica – de baixo impacto	5,2	Faxina leve	2,5
Assistir TV	0,9	Faxina pesada	4,0
Caminhar com cachorro	3,5	Ficar em pé na fila	1,2
Caminhar empurrando carrinho de bebê	2,4	Ginástica localizada – leve ou moderada	4,0
Caminhar leve/moderado	3,5	Hidroginástica intensa	9,9
Caminhar na grama	5,2	Hidroginástica lenta	4,0
Caminhar rápido	4,0	Jardinagem	4,5
Ciclismo (por lazer)	4,0	Lavar pratos	2,5
Comer	1,5	Ler	1,3
Compras em supermercado	3,5	Nadar (por lazer)	6,0
Cozinhar e preparar a mesa	2,5	Passar roupa	2,4
Cuidar de criança	3,5	Tomar banho	2,0
Dança de salão	5,5	Trabalhar no computador	1,5
Dirigir carro	2,0	Varrer a casa	2,4
Dirigir motocicleta	2,4	Yoga/alongamentos	4,0

* Lembre-se que a soma do tempo gasto nas diferentes atividades deve ser 24 horas.

Fonte: AINSWORTH, B. E. *et al*. Compendium of Physical Activities: an update of activity codes and MET intensities. *Med. Sci. Sports Exerc*. Baltimore, v. 32, n. 9, supl., pp. S498-S516, 2000.

Beleza | Nutrição

Nutrição e dieta

As refeições devem ser um momento agradável, mesmo ao se comer um sanduíche. Aproveite essa oportunidade para gerar os melhores sentimentos possíveis, com o coração repleto de gratidão e energia positiva em relação a você, à Terra, ao Sol, ao ar, à água, ao ser humano; enfim, aos grandes responsáveis pelo alimento presente.

Nesses momentos, feche os canais da hostilidade, da raiva, dos descontentamentos, da lamentação e reverencie cada porção saboreada.

Escolha os alimentos que vai comer; combine sabores, cores, crie um prato bonito e convidativo. Concentre-se na refeição, retire o melhor dela. Afinal,
você está ingerindo os elementos que a mantêm viva, saudável e feliz!

Elementos indispensáveis ao nosso organismo

Nosso corpo necessita de calorias (energia) nas 24 horas do dia para assegurar suas funções vitais (atividade cardíaca, respiração, renovação das células, equilíbrio térmico, crescimento, digestão) e também para mover-se. Obtemos essa energia a partir dos alimentos. Eles se transformam em elementos químicos essenciais para a nossa vida saudável.

▸ **Água** – transpiração e urina eliminam aproximadamente 2 litros de líquido diariamente. Devemos então repor essa perda com o consumo de, no mínimo, a mesma quantidade de líquido, que pode ser dividida entre água, sucos, chás, infusões, café.

▸ **Proteínas** – são elementos de construção. Todas as células do corpo (de nossos órgãos, músculos, ossos e do sangue) carecem de proteínas para sua renovação. Carnes, peixes e ovos são importantes fontes de proteínas. Um grama de proteína fornece cerca de 4 calorias.

▸ **Lipídios** – as gorduras são uma importante reserva de energia para nosso organismo, além de um eficiente isolante térmico. Nós as encontramos especialmente em carnes, queijos, frios e ovos. Um grama de lipídios fornece aproximadamente 9 calorias.

▸ **Glicídios** – são também fonte de energia para as células do nosso corpo. Esses elementos estão presentes nos carboidratos que se transformam em açúcar no organismo. Pães, massas, batatas, doces e chocolates são importantes fontes de glicídios. Um grama de glicídios fornece aproximadamente 4 calorias.

▸ **Fibras** – são necessárias ao bom trânsito intestinal. Ajudam a eliminar o colesterol. A farinha integral, frutas, legumes e verduras são importantes fontes delas.

▸ **Cereais** – prefira arroz, trigo e aveia integrais, pois são ricos em fibras, ajudam a combater o colesterol e melhoram a digestão. Recomenda-se comer duas fatias de pão integral diariamente.

▸ **Vitaminas** – são necessárias ao bom funcionamento do organismo e ao nosso equilíbrio em geral. Necessitamos várias delas em pequenas quantidades.

▸ **Sais minerais** – têm múltiplas funções no organismo. São necessários às nossas células e, principalmente, para nossos ossos, sangue e dentes. São elementos reguladores e protetores.

▸ **Frutas e legumes** – são ricos em carboidratos (amido e frutose), vitaminas e sais minerais; pobres em proteínas e gordura.

As vitaminas dos legumes se degradam rapidamente quando são cozidos, perdendo parte de seu valor nutritivo.

Principais vitaminas e sais minerais

Nome	Função	Presente em
Vitamina A – Retinol	Essencial para a visão e para uma pele saudável. Estimula o sistema imunológico.	Cenouras, peixe gorduroso, laticínios e gema de ovo. Também pode ser ingerida em cápsulas, sob orientação médica, tomando-se cuidado com a superdosagem que pode causar efeitos colaterais indesejáveis (pele irritada e náusea).
Vitamina B_1 – Tiamina	Necessária para a produção de energia no organismo. Sua falta provoca depressão e irritabilidade.	Carnes, peixes, nozes e cereais.
Vitamina B_2 – Riboflavina	Também necessária à saúde dos olhos e da pele.	Legumes verdes, leite, queijos, amêndoas e cogumelos.
Vitamina B_3 ou PP – Niacina	Auxilia no metabolismo dos carboidratos e no controle do colesterol.	Carnes, peixes e amendoim.

Beleza | Nutrição

Nome	Função	Presente em
Vitamina B_6 – Piridoxina	Necessária à formação dos glóbulos vermelhos. (Fumar aumenta a sua carência.)	Carnes, peixes, bananas, abacates, cereais integrais, soja e legumes.
Vitamina B_9 – Ácido fólico	Favorece o funcionamento do sistema nervoso. É essencial à formação dos glóbulos vermelhos e brancos. Muito importante na gravidez.	Folhas verde-escuras – como espinafre, agrião – miúdos e cereais integrais.
Vitamina B_{12} – Cobalamina	Necessária à formação de glóbulos vermelhos e células nervosas. Combate a anemia.	Ovos, carnes e lêvedo de cerveja.
Vitamina C – Ácido ascórbico	Poderoso antioxidante. Estimula o sistema imunológico e ajuda na produção de neurotransmissores. Essencial à produção de colágeno. A carência alimentar desse elemento deve ser compensada com sua ingestão por meio de comprimidos.	Frutas, legumes e pimenta. Cremes e emulsões podem conter essa vitamina para aplicação local.
Vitamina E – Tocoferol	Anti-radicais livres. Protege os tecidos e combate o colesterol.	Frutos do mar, grãos, legumes e nozes.
Cálcio	Necessário para a construção dos ossos e dentes. Atua na coagulação do sangue e na contração muscular. Sua carência tem efeito especialmente importante na menopausa, facilitando o aparecimento de osteoporose.	Leite e derivados.
Ferro	Constituinte da hemoglobina. Sua carência provoca sensação de cansaço, depressão, problemas com o sistema digestivo (ou digestório), unhas fracas e palidez.	Carnes, ostras, cereais integrais, amêndoas, avelãs, lentilha e espinafre.
Zinco	Mantém a pele saudável. Favorece a produção de hormônios.	Carnes, cereais integrais, amêndoas, cenouras, gengibre, feijões e lentilhas.

Beleza | Nutrição

Principais alimentos e sua fonte de obtenção

Grupo	Ricos em	O que escolher
Laticínios	Cálcio, proteínas, lipídios, vitaminas B, vitaminas A e D.	Queijos brancos, leite desnatado, iogurtes.
Carnes, peixes, ovos	Proteínas, ferro, lipídios, vitaminas A e B.	Carnes magras, presunto sem gordura, aves, ovos, peixes, crustáceos, carne seca, tofu.
Farináceos (pão, arroz, cereais, batatas, massas)	Amido, proteínas, vitaminas B, sais minerais, fibras.	Farináceos preparados com o mínimo de gordura.
Legumes e frutas	Água, vitaminas, fibras, sais minerais e açúcar.	Frutas e legumes frescos, de preferência orgânicos, cultivados sem agrotóxicos; evite frutas secas, cristalizadas, nozes, coco e todos os oleaginosos.
Gordura	Vitaminas A, D e E.	Prefira os produtos *lights*, azeite de oliva, óleo de girassol, de soja ou de milho. Consuma-os em pequenas quantidades.
Bebidas não alcoólicas	Água e açúcar.	Águas minerais, chás de ervas, sucos de legumes e de frutas.
Doces	Açúcar e gorduras.	Consuma moderadamente; prefira adoçantes artificiais.

▸ Consuma os legumes logo após o cozimento.

▸ Coloque os legumes em pouca água fervente e reduza seu tempo de cozimento o mais que puder.

▸ Cozinhe, de preferência, ao vapor com panelas especiais e deixe os legumes al dente (quase crus).

▸ Não descasque os legumes, apenas raspe-os. Grande parte de seu poder nutritivo está junto à casca.

▸ No caldo do cozimento fica a maior parte dos sais minerais das leguminosas. Aproveite para beber esse caldo ou utilizá-lo como base para sopas, molhos e demais pratos.

O que devemos evitar

- **Açúcar** – está comprovado que o grande consumo de açúcar traz excesso de peso. Por isso, é recomendável reduzir a sua ingestão. Se você for do tipo "formiga", daquelas pessoas que não conseguem resistir à tentação dos doces, inclusive chocolate, tente substituí-los por proteínas e pela frutose das frutas e legumes. Também coma gelatina, de preferência, *diet*.

- **Sal** – o consumo de sal em excesso provoca hipertensão e retenção de líquido. Apesar disso, o sódio e o potássio contidos no sal são indispensáveis ao organismo. Mais uma vez, equilíbrio é o ponto certo.

- **Álcool** – até um copo de vinho por dia é recomendável, por ser digestivo. Tomado com moderação, o álcool provoca uma leve euforia e nos dá sensação de bem-estar. Porém, em quantidades maiores essa droga é depressora, ou seja, provoca o efeito contrário e pode gerar depressão. A ingestão excessiva de bebidas alcoólicas compromete seriamente a saúde e especialmente a Beleza. Não há pele ou aparência que resista aos danos provocados pelo álcool.

O que comer e quantas vezes (por semana)

Dieta equilibrada significa a escolha adequada dos alimentos que satisfazem às nossas necessidades fisiológicas e metabólicas. Médicos, nutricionistas e profissionais ligados à área de nutrição recomendam fazer as seguintes refeições: café da manhã, lanche da manhã, almoço, lanche da tarde, jantar e lanche antes de dormir.

Número de vezes em que um tipo de alimento pode ser ingerido por semana

Alimento	A ser ingerido
▶ Ovos	2 a 4 vezes
▶ Peixes	4 vezes
▶ Cereais/pão/carne	3 vezes
▶ Aves	4 vezes
▶ Legumes crus	7 vezes
▶ Legumes cozidos	12 vezes
▶ Frutas	12 vezes
▶ Queijo magro	5 vezes
▶ Iogurte	7 vezes
▶ Folhas	12 vezes

Beleza | Nutrição

Equivalência entre alimentos

Uma porção de...	Equivale a um dos itens abaixo
Proteínas	▸ 100 a 150 g de carne (=1 filé de tamanho médio) ▸ 120 a 150 g de peixe ▸ 80 a 100 g de presunto magro ou peito de peru ▸ 60 a 80 g de carne seca ▸ 60 g de queijo meia cura ▸ 60 a 80 g de queijo branco fresco ▸ 100 a 150 g de queijo branco *light* ou *cottage* ▸ 1 a 2 ovos ▸ 150 a 200 g de tofu
Farináceos	▸ 150 g de batatas (= 2 batatas médias) ▸ 100 g de massa, arroz (= 4 colheres de sopa de arroz cozido), semolina, legumes cozidos ▸ 50 g de pão (= 1 pão francês) ▸ 3 torradas ▸ 35 g de cereais crus
Laticínios	▸ 1 iogurte natural *light* ▸ 1 pudim *light* (=1 taça pequena) ▸ 100 a 150 g de queijo fresco *light*
Frutas	▸ 200 g de morangos (= 10 unidades) ▸ 200 g de framboesas ▸ 200 g de melancia (=1 fatia) ▸ 150 g de mexericas (= 1 unidade) ▸ 150 g de melão (=1 fatia) ▸ 1/2 mamão papaia ▸ 1/2 grapefuit ▸ 1 laranja ▸ 1 maçã ▸ 2 ameixas (pequenas ou médias) ▸ 2 kiwis (pequenos) ▸ 1 banana ▸ 80 g de uva (= 1 cacho pequeno) ▸ 2 figos (pequenos ou médios)

Refeições fora de casa

Com a vida agitada que todos levamos, em virtude do trabalho, compromissos profissionais ou por outros motivos, somos obrigados a fazer constantemente refeições fora de casa. Aí está uma grande armadilha, pois é difícil resistir às infinitas opções que agradam ao nosso paladar. Somos levados a comer só aquilo que parece mais saboroso, sem pensar no valor nutritivo dos alimentos, abusando de gorduras, frituras, *fast foods*, pães, tortas, doces. Além disso, pela falta de tempo, fazemos refeições rápidas e ingerimos os alimentos aceleradamente, muitas vezes em pé.

Deixe as pequenas transgressões alimentares para as ocasiões especiais, como comemorações, festas, jantares ou almoços com amigos e familiares.
Preste atenção em sua alimentação fora de casa.
Não permita que ela se transforme em motivo de desequilíbrio ao seu organismo, ou que cause aumento de peso.

Se você...	Então...
Vai a restaurantes com freqüência	▸ Evite comer duas vezes ao dia em restaurantes. ▸ Cuidado com a quantidade de molhos nas saladas. ▸ Não abuse de pratos gratinados, batatas fritas, queijos e sobremesas. ▸ Controle o consumo de álcool. ▸ Equilibre a quantidade calórica de cada refeição. ▸ Não pule refeições.
Come um sanduíche	▸ Consuma-o no almoço. ▸ O sanduíche não deve ter gordura (manteiga ou maionese). ▸ Prefira aqueles feitos com presunto, peru, rosbife e queijo branco. ▸ Evite refrigerante; água mineral com limão é o ideal. ▸ À noite, alimente-se com legumes.
Come salada no almoço	▸ É fundamental ingerir uma boa salada. Ela pode ser o prato inicial ou a própria refeição. ▸ Equilibre o prato de salada adicionando uma porção de proteínas em forma de presunto, ovos, atum, queijo e uma fatia de pão de centeio ou integral. ▸ Não esqueça: use molhos com moderação em qualquer circunstância.

- Saboreie os alimentos; coma devagar.
- Consuma de preferência legumes, verduras e frutas frescas.
- Caso seja vegetariana, fique atenta à quantidade diária de proteínas necessárias ao organismo.
- Reduza o consumo de sal e açúcar refinado.
- Modere o consumo de café, chá preto, chá mate, refrigerantes, sodas e álcool.
- Beba muita água entre as refeições.
- Evite gorduras e frituras; dê preferência para peixes (como salmão, atum, sardinha), carnes magras e aves sem pele.

Ingestão diária ideal de alimentos para uma dieta de 1.500 calorias

Refeição	O que ingerir
Desjejum	▸ chá ou café ou 1 xícara (de chá) de leite desnatado com 2 colheres de sopa de achocolatado *diet* ou *light* ▸ 1/2 pão francês sem miolo ou 1 fatia de pão integral com 10 g de margarina *light* ou geléia *light*.
Lanche da manhã	▸ 1 fatia fina de queijo branco ou ▸ 1 iogurte *light* ▸ 1 fruta ou ▸ 1 copo médio de suco ou ▸ 1 copo médio de água de coco
Almoço	▸ 100 a 150 g de carne magra, frango ou peixe ▸ legumes cozidos ou refogados em uma colher de sopa de óleo ▸ 1 taça pequena de gelatina *diet*
Lanche da tarde	▸ 1 porção de frutas
Jantar	▸ 100 a 150 g de carne magra, frango, peru ou peixe. Alterne com a escolha do almoço. ▸ 1 porção de legumes cozidos ou refogados com uma colher de óleo ▸ 1 porção de laticínio
Beba	▸ 1,5 a 2 litros de água diariamente
Observações	▸ para uma dieta de 1.200 calorias, diminua à metade a porção de farináceo, tanto no almoço, como no jantar e tire o lanche da manhã.

Ingestão diária ideal de alimentos para uma dieta de 2.000 calorias

Refeição	O que ingerir
Desjejum	▸ café ou chá ▸ 1 xícara de leite desnatado ou iogurte ▸ 1 pão francês sem miolo ou 2 fatias de pão integral ▸ 10 g de margarina *light* ▸ 30 g de geléia *diet*
Lanche da manhã	▸ 1 barra de cereal *light*
Almoço	▸ 100 a 150 g de carne, peixe, frango ou peru ▸ legumes à vontade ▸ 2 porções de farináceos ▸ 1 porção de fruta ▸ 10 g de óleo
Lanche da tarde	▸ 1 porção de fruta ou 1 laticínio
Jantar	▸ 100 a 150 g de carne ou equivalente (alterne com a escolha do almoço) ▸ legumes à vontade ▸ 2 porções de farináceos ▸ 10 g de gordura, óleo ou azeite ▸ 1 porção de fruta
Beba	▸ 1,5 a 2 litros de água por dia
Observações	▸ no máximo 30 g de óleo ou manteiga

Beleza | Nutrição

Equilíbrio interno

Sente-se cansada? Abatida? Olhos empapuçados? Reações cutâneas adversas? Traços caídos? Insônia? Sintomas de ressaca?

Está na hora de desintoxicar-se, de revitalizar-se e criar novos recursos para o organismo e sua beleza. Experimente um regime desintoxicante à base de frutas e legumes – rico em vitaminas e sais minerais. Essa dieta deve ser feita exclusivamente em um fim-de-semana ou em um período no qual você esteja em descanso prolongado. Faça-a por 24 ou 48 horas. Não ultrapasse esse período.

A dieta é composta de frutas e legumes crus que serão consumidos em forma de saladas e sucos. Uma sugestão de dieta desintoxicante pode ser:

- **Café da manhã** – um coquetel de frutas à sua escolha – 1 laranja, 1 maçã, 1/2 papaia – mais algum legume (beterraba, cenoura ou espinafre).

- **Lanche da manhã** – frutas e um chá de erva-doce, cidreira ou camomila, adoçado com uma colher de sobremesa de mel.

- **Almoço** – uma salada de legumes e folhas variadas (espinafre, cenoura, repolho, chuchu, abóbora, tomates).

- **Lanche da tarde** – chá de ervas.

- **Jantar** – salada e coquetel de frutas.

- **Antes de dormir** – chá de ervas.

A Beleza também é fruto da ingestão equilibrada de alimentos. Hoje há muita informação nutricional. Mas, nada melhor do que a orientação de um profissional da área – nutricionista ou endocrinologista – para se ter uma alimentação saudável e diversificada.

Preste atenção em sua alimentação.

Beleza | Felicidade

233

A Beleza Completa é n
conjunto harmonioso
e detalhes. É algo muito sut
admiração. É algo que agrada ao

Beleza | Felicidade

ito mais do que um
 formas, proporções
ue irradia do ser e leva à
lhos e, em especial, ao espírito.

Estamos falando de uma Beleza diferente daquela que vemos estampada nas capas de revistas. Ela não se restringe a esse padrão construído por especialistas que nos mostra o que a modelo tem de mais bonito. A Beleza, no sentido mais amplo, não é definida pela maquiagem, pelo corte de cabelo e pelas formas esculpidas, centrando-se em algo intrínseco que transcende ao tempo e à firmeza da pele.

Existe uma Beleza duradoura, eterna. O brilho dela provém da luz do olhar, da projeção simultânea de pensamentos nobres e agradáveis, e de se expressar com suavidade e sabedoria, semeando ao seu redor atos e palavras construtivas. O frescor da juventude dá lugar a uma forma de inteligência que leva a mulher dotada dessas qualidades a uma perfeita plenitude e Beleza absoluta.
A construção da Beleza e da personalidade se dá ao longo da vida, com a substituição das formas por encantos mais sutis e duradouros, sem nunca camuflar ou encobrir o que se está transformando com o tempo.

Beleza | Felicidade

Aceitação da vida

A vida nos apresenta, por vezes, momentos difíceis e ásperos. Saber aceitá-los e transformá-los a nosso favor é um dos segredos do bem viver.

Com quantas mulheres maravilhosas cruzamos ao longo da vida? Com certeza, muitas. Parte delas não é mais jovem e deslumbrante. Porém, mesmo com mais idade essas mulheres emanam uma energia tão forte que as torna verdadeiramente belas. Elas são notadas pelo que são, por suas atitudes e ações harmônicas.

Não raro somos testemunhas ou ouvimos dizer que determinada mulher se tornou mais bela com o passar do tempo. Essas mulheres souberam incorporar suas vivências e as transformaram em aspectos positivos de sua vida; outras vezes, certas mulheres nos impressionam não exatamente por sua beleza perfeita ou por seus traços bem feitos e simétricos. Elas têm algo diferente, único, pois "exalam" charme, autoconfiança, sabedoria, inteligência, determinação.

Essa Beleza é fruto de um conjunto harmônico, de um longo aprendizado, de um amor intenso e bem cuidado em relação a si mesmas e também aos outros. Mas, repare o quanto elas se cuidam! Elas têm prazer em permanecer belas, por dentro e por fora! E se cuidam porque se amam, e querem se sentir bem e felizes.

Atingir harmonia interna e externa, conseguir o equilíbrio entre a energia vital e as formas do corpo é trabalho de uma vida inteira. É um querer constante. O resultado vale a pena porque nos leva a ter uma vida melhor, compartilhando progressos e experiências com os semelhantes.

Belezas eternas

Tive o prazer de conhecer e conviver com uma dessas mulheres inesquecíveis. Tratava-se de Annette B., uma mulher de 65 anos – talvez mais – com 1,60 m de altura e uma silhueta fina, elegante e harmoniosa. Sua cútis era clara, quase transparente. Seus olhos negros, brilhantes e fascinantes eram o puro reflexo de uma grande inteligência – um "savoir faire", "savoir être" extraordinário.

Seus cabelos brancos, cor de lua, um puro platino, com reflexos rosa-lilás, tinham uma linha impecável. O que mais chamava a atenção era o seu sorriso, sua diplomacia e sua prosa alegre. Quando aparecia, era uma luz que inundava o espaço. Sua maneira de cumprimentar era sempre uma delicada expressão que nos fazia sentir únicos. Freqüentadora assídua, dona Annette era sempre muito bem-vinda ao nosso salão de beleza. Ela encantava a todos com seu jeito e sua Beleza. Essa doce senhora sabia aliar perfeitamente os cuidados externos a um perfeito "saber ser".

Um outro exemplo é Costanza Pascolato, ícone da moda, que conduz sua vida profissional e pessoal com a mesma graça, dignidade e elegância. Porém, o que mais impressiona é a sua sólida e verdadeira Beleza, que vem adquirindo uma aura intensa, inconfundível e marcante. Essa Beleza é o resultado de uma construção minuciosa tanto física – pois ela jamais deixou de se cuidar – como espiritual.

Marília Pêra é, talvez, um dos maiores exemplos de eterna beleza. Eu a conheço há várias décadas e o tempo só a embelezou. Mas o que é relevante, além de sua beleza aparente, é a aura de perfeita harmonia que a envolve, em que sobressaem todas as qualidades da maturidade – elegância, segurança, consciência, serenidade – e, acima de tudo, talento, muito talento para nos encantar. Ela é considerada uma grande atriz. Reconhecida e respeitada por seu público. E o que impressiona é que quanto mais o tempo passa, mais admirável ela se torna.

Para Beatriz Segall, os anos passam e não pesam; eles só acentuam suas qualidades. Além de inteligente, Beatriz tem um brilho interior – que se reflete no olhar –, na pele viçosa, no verbo – que permanece enérgico –, no espírito em contínua evolução.

Saber ser

Em resumo, Beleza é o somatório de múltiplas qualidades que enobrecem a personalidade.

É saber escolher a qualidade em pensamentos, atitudes e conquistas pessoais. É, antes de tudo, a necessidade e a preocupação em sorrir, ser gentil e amar. É olhar para dentro de si e para fora com a mesma ternura. Sentir uma sutil vibração que irradia da própria alma levando entusiasmo, alegria, vitalidade, bom humor para as pessoas com as quais nos relacionamos no nosso dia-a-dia.

Um sorriso aberto já é o primeiro condutor da leveza interior e das doces vibrações que estremecem o coração. Sorrir é um bom hábito. Um sorriso gera outro e outros e assim vai se criando uma euforia que leva facilmente ao riso. Este, como sabemos, tem poder de cura, alivia as tensões, ativa a circulação, trazendo uma deliciosa sensação de Felicidade.

Aprendemos a rir de tudo, de nada, porque rir é ainda uma das melhores receitas de Beleza.

Felicidade é Beleza, bem-estar, saúde.

Ninguém fará esforço por nós. Aceitando o eterno aprendizado, temos chances de trilhar o caminho da felicidade, da saúde e da própria Beleza.
O caminho está em nossas mãos e, portanto, somos os mestres do nosso destino e responsáveis pela nossa Evolução.

Atitudes simples fazem toda a diferença! Torne o seu dia-a-dia mais tranqüilo e harmonioso, não só para você, mas para os que convivem com você também!

Seja amável – atitudes, gestos e movimentos revelam o que somos ou o que queremos ser. Devemos nos habituar a refletir antes de agir e a cultivar gestos, atitudes que transmitam ternura e afeto. O mundo nos agradecerá por isso. Seremos as primeiras beneficiadas ao irradiarmos sentimentos e gestos gentis e afetuosos.

Seja educada – aprendemos a domar nossos ímpetos pela educação. A educação durante a vida é muito ampla e implica o desenvolvimento de nossas faculdades físicas, morais e intelectuais. É um atalho para o progresso contínuo, fortificando a personalidade e educando a inteligência.

Educar-se é algo que fortifica o Ser em sua totalidade.
O espírito do homem é destinado a ser o seu próprio Sol. Para que esta luz permaneça eternamente acesa é essencial recarregar-se continuamente na fonte suprema:
*o **AMOR**.*

Conclusão

Eu não poderia terminar esse trabalho sem mencionar um trecho do *Tratado das Enéadas*, de Plotino, que me impressionou muito:

"Se ainda não vires a beleza em ti, faz como o escultor de uma estátua que tem de ser tornada bela. Ele talha aqui, lixa ali, lustra acolá, torna um traço mais fino, outro mais definido, até dar à sua estátua uma bela face. Como ele, tira o excesso, remodela o que é oblíquo, clareia o que é sombrio e não pára de trabalhar a tua própria estátua até que o esplendor divino da virtude se manifeste em ti".

Plotino (205-270 d.C.) – *Tratado das Enéadas.*

Referências Bibliográficas

DAVICH, V. N. *O Melhor Guia para Meditação*. São Paulo: Pensamento, 1998.

GAWAIN, S.; KING, L. *Vivez dans la Lumière*. France: Le Souffle d´Or,1986.

_____. *Techniques de Visualisation Créatice*. France: Le Souffle d´Or,1986.

GYATSO, T. *Sa Sainteté le Dalai Lama:* Clarté de L´Esprit, Lumière du Coeur. France: Colmann Levy, 1995.

_____. *Sa Sainteté le Dalai Lama:* Comme la Lumière avec la Flamme. France: Editions du Rocher, 1997.

_____. *Sua Santidade, o Dalai Lama:* A Arte da Felicidade. Rio de Janeiro: Martins Fontes, 2001.

_____. *Sua Santidade, o Dalai Lama:* Um Coração Aberto. Rio de Janeiro: Martins Fontes, 2002.

PECANARO, B. J. *O Poder da Auto-estima*. São Paulo: Matrix, 2003.

PUGLIESE, P. T., M. D. *Advanced Professional Skin Care*. Rio de Janeiro: Vida Estética, 1991.

VAJPEUI, K. *La Science des Mantras*. France: Guy Trédaniel, 1987.